Delphine
de Girardin

L'Ecole
des
journalistes

Personnages

MARTEL, *rédacteur en chef du journal* la Vérité. – *Tournure élégante, tenue négligée, l'air moqueur et dédaigneux, manières d'homme distingué qui vit en mauvaise compagnie.*

GUILBERT, *banquier.* – *Cheveux frisés, figure honnête, tournure commune, manières d'homme riche.*

EDGARD DE NORVAL, *officier des spahis d'Afrique.* – *Figure belle, noble et franche, tournure d'officier, manières simples et dignes.*

MORIN, *peintre d'histoire.* – *Belle tête de vieillard, cheveux blancs, l'air noble et triste, le regard inspiré.*

PLUCHARD, *gérant responsable du journal* la Vérité. – *Ce que l'on appelle un bon et brave garçon, manières non élégantes mais point communes, l'air naïf mais spirituel.*

JOLLIVET, *collaborateur.* – *Figure de viveur et de buveur ; le teint rouge, l'air bon et malin.*

GRIFFAUT, *collaborateur.* – *Grand et pâle, esprit insouciant.*

BLONDIN, *collaborateur.* – *L'air évaporé, tournure d'un dandy qui n'est jamais allé à Londres.*

DUBAC, *parasite.* – *Manières prétentieuses et communes, l'air d'un sot endimanché.*

ANDRÉ, *modèle, ancien ouvrier imprimeur.* – *Belle tête expressive, barbe longue ; il a une jambe de bois et un bras de moins ; il est vêtu d'une blouse bleue.*

BAPTISTE, *domestique de Martel.* – *L'air niais et découragé, tournure d'un domestique pour tout faire.*

CHARLES, *apprenti imprimeur.* – *Vrai gamin de Paris.*

MADAME GUILBERT, *grande et belle femme, l'air très noble, parure de femme comme il faut, élégante et simple.*

VALENTINE, *sa fille, femme de M. Dercourt, ministre de l'intérieur. – Jolie et spirituelle, l'air distingué, manières de femme comme il faut, tournure de femme à la mode.*

CORNÉLIE, *danseuse coryphée à l'Opéra. – L'air maussade et prude, tournure de femme maigre qui se croit bien faite, manières de sotte qui se croit charmante.*
UN POÈTE
UN ÉDITEUR
UN PHARMACIEN
UN ABONNÉ
UN NÉGOCIATEUR DE MARIAGES
MARCHANDS DE TOUTES SORTES
LAQUAIS
La scène se passe à Paris, en 183...

Préface

L'École des Journalistes, pièce reçue le 21 octobre 1839 à l'unanimité par le comité du Théâtre-Français, n'a pu obtenir de la censure l'autorisation d'être représentée.

Après les bruits étranges que l'on avait fait courir à propos de cette comédie, un tel refus était une accusation, et l'auteur devait se hâter d'y répondre en publiant son ouvrage, au risque d'en compromettre l'avenir ; car à ses yeux, une pièce qui n'a pas été représentée, qui n'a pas subi les corrections ordonnées par la mise en scène, n'est pas une œuvre achevée, et l'offrir au jugement du public avant cette épreuve, c'est la sacrifier.

La forme de cette comédie étant assez nouvelle, l'auteur croit devoir donner quelques explications.

Au premier acte, *l'École des Journalistes* est une sorte de vaudeville, semé de plaisanteries et de calembours ; – au deuxième acte, c'est une espèce de *charge* où le comique du sujet est exagéré, à l'imitation des œuvres des grands maîtres ; – au troisième acte, c'est une comédie ; – au quatrième, c'est un drame ; – au cinquième, c'est une tragédie. Dans le style, même sentiment, même variation : au premier acte, le style est satirique ; – au quatrième acte, il est simple et grave ; – au cinquième acte, il tâche d'être poétique. L'auteur l'a voulu ainsi.

Il lui a semblé qu'une époque comme la nôtre, où tous les rangs sont intervertis, où toutes les classes sont confondues ; ère d'envie où les grands s'abaissent pour être encore quelque chose, où les petits ne s'élèvent que parce qu'ils sont les petits, où la supériorité sans travers est comme un crime sans excuse, où l'on a besoin de se moquer pour admirer, où les difformités de la personne sont un passeport nécessaire aux perfections de l'esprit, où les mauvaises manières ont du bonheur, où la laideur est un prestige, où la déconsidération est une égide ; siècle de raison sublime et de démence incurable, où les hommes d'État font l'émeute, où les boutiquiers la répriment ; temps de grandeur et de simplicité, où les princes qu'on assassine bravent les balles sous un parapluie, où les aventures les plus chevaleresques sont égayées par les incidents les plus risibles ; où des filles de roi, des femmes illustres se cachent dans des fours, dans des cheminées, après d'héroïques combats ; époque sans nom, où tout est contraste et mélange, où l'on danse pendant que l'on s'égorge, où l'on dépouille le saint temple pendant que l'on promène le bœuf gras ; époque à la fois poétique et bourgeoise, romanesque et triviale, où les crimes sont burlesques, où les plaisanteries sont mortelles, où les vanités les plus bouffonnes ont les conséquences les plus fatales... il lui a semblé qu'une telle époque devait donner naissance à un genre nouveau de comédie : drame exceptionnel représentant nos mœurs exceptionnelles, peignant le monde tel qu'il est, c'est-à-dire plus sot que méchant et moins coupable qu'aveugle, plus dangereux par sa légèreté que par sa corruption ; comédie tragique tenant de la satire et de l'épopée, tableau grotesque, enseignement terrible, où le poète fût à la fois moqueur et juge, historien et prophète.

L'*École des Journalistes* est un essai de ce genre nouveau. Ce sont de grands malheurs causés par des plaisanteries qui se croient innocentes ; car, dans cet aperçu des mœurs du temps, ce n'est pas, comme dans les pièces du théâtre étranger, un mélange de rire et de larmes, un personnage comique jetant sa gaieté à travers une situation pathétique et horrible ; ce n'est pas non plus le niais du mélodrame venant distraire du bourreau et amuser le spectateur, que la cruauté du tyran fait trembler ; c'est la plaisanterie elle-même qui est fatale ; c'est la comédie elle-même qui enfante la tragédie ; c'est le niais qui est le bourreau, c'est ce qui a fait rire qui fait pleurer.

Le but de cet ouvrage est de montrer comment le journalisme, par le vice de son organisation, sans le vouloir, sans le savoir, renverse la société en détruisant toutes ses religions, en citant à chacun de ses soutiens l'aliment qui le fait vivre : en ôtant au peuple le travail, qui est son pain, au gouvernement l'union, qui est sa force, à la famille l'honneur, qui est son prestige, à l'intelligence la gloire, qui est son avenir. Il y a plusieurs intérêts, dira-t-on ; sans doute, puisqu'il y a plusieurs victimes ; mais ces malheurs divers ont tous la même cause, l'unité est dans le fléau.

Il est d'usage, dans les pièces du théâtre moderne, de faire pressentir ce qu'on appelle le *drame* dès les premières scènes, et d'avertir le public qu'un lui prépare de violentes émotions. L'auteur se serait facilement conformé à cette loi, s'il n'avait pensé que pour lui ce calcul habile serait une faute qui ôterait de la force à son sujet ; car cette fois la surprise est un enseignement. Pour que la leçon soit frappante, il faut qu'elle s'adresse non seulement aux journalistes, mais aux spectateurs eux-mêmes, qui représentent les lecteurs, ou plutôt les abonnés. Il faut que, pendant les deux premiers actes, le public, comme le lecteur, soit complice involontaire de la cruauté des journaux. Il faut qu'il s'amuse de leur malice, sans en prévoir les tragiques effets. Il faut même qu'il s'impatiente de la puérilité des détails, et qu'il dise : « Mais il n'y a pas de pièce ; ce sont des plaisanteries insignifiantes qui ne mènent à rien... »

Et puis alors il faut, l'étourdissant par un coup terrible, lui répondre : « Regardez : ces plaisanteries insignifiantes sont toutes chargées à mitraille. L'une lance le déshonneur, l'autre la mort. Voyez ce que peut faire l'étourderie quand elle a pour arme un journal ! jugez maintenant de ce que peut faire la méchanceté ! »

Si cette comédie avait pour titre *les Journalistes* ou *le Journalisme*, on pourrait avec raison s'étonner de n'y point voir représentées toutes les variétés de journalistes que la presse périodique a vues naître : depuis le journaliste modèle, écrivain prudent, juge intègre, sévère pour les œuvres, mais bienveillant pour les personnes ; ne faisant servir la publicité dont il dispose qu'à la propagation d'idées saines, d'opinions consciencieuses, – jusqu'au journaliste profane, forçat littéraire, implorant la charité des peureux en leur mettant le pamphlet sous la gorge. Mais cette comédie a pour titre *l'École des Journalistes*. Qui dit école dit leçon, et les leçons ne s'adressent qu'à ceux qui peuvent en profiter. L'homme juste et loyal qui remplit ses devoirs n'a pas besoin de conseils ; l'homme dégradé qui se fait un revenu de ses mensonges n'écoute pas les reproches. La leçon donnée aux journalistes devait donc s'adresser à ces hommes du jour, malins, spirituels et légers, qui se servent d'une plume comme d'une épée ; à ces mousquetaires de la littérature qui font une guerre continuelle d'épigrammes et de bons mots, dont le métier est de combattre, qui trouvent l'inspiration dans l'attaque, et que la paix ruinerait ; ces moqueurs de profession ne peuvent se passer d'ennemis ; il le savait bien celui d'entre eux qui disait un jour, en parlant de ses protecteurs

5

trop conciliants : « Ils me feront tant d'amis, qu'ils m'ôteront tout mon esprit ! »

L'auteur devait leur dire : « Vous êtes bon, et vous faites le mal ; vous avez une mère que vous respectez, et cependant vous écrivez un article qui déshonore une mère respectée comme la vôtre.

« Vous êtes généreux, vous faites l'aumône, vous souscrivez pour un ouvrier sans travail, et cependant vous écrivez des articles incendiaires, qui conduisent le peuple à la misère par l'insurrection.

« Vous êtes enthousiaste des beaux-arts, et cependant vous découragez le talent, non par un jugement loyal, sévère, digne de l'œuvre, mais par un dénigrement mesquin, un acharnement périodique qui change la critique en persécution. Harceler n'est point juger.

« Vous avez pour votre pays une tendresse pleine de vanité, et cependant, par vos stériles discussions, par vos sots engouements, par vos profanations, par votre injustice envers les hommes qui font sa puissance et sa gloire, vous le perdez. »

Voilà ce qu'il fallait leur dire ; voilà, heureusement, ce qu'ils ont compris. L'agitation où ce langage les jette en est la preuve. Cette grande rumeur qu'ils font aujourd'hui n'est pas de la colère, non ; c'est mieux que cela, c'est de l'épouvante et du regret. Les journalistes, effrayés, reculent devant leur propre image ; ils s'indignent de leurs propres torts. Ah ! cette protestation de leur part est un heureux présage, cette révolte de leur conscience est déjà un repentir. C'est un beau triomphe pour l'auteur, le plus glorieux qu'il ait pu rêver. Elle venait donc du cœur cette voix qui lui a crié : *Éclaire-les, parce qu'ils ne savent ce qu'ils font !*

Quant au sujet principal de cet ouvrage, il est puisé dans l'histoire même du journalisme. Parmi les innombrables calomnies qui déshonorent la presse depuis dix années, l'auteur n'avait malheureusement pas le choix ; il a pris la seule que l'on put mettre au théâtre, tant les autres étaient d'une nature hideuse et dégoûtante. Les journaux seuls sont donc coupables des allusions que l'on peut trouver, c'est leur calomnie qui a fait la pièce. L'auteur rejette sur eux toute responsabilité : le vengeur n'est pas le complice.

Qu'on ne parle pas non plus des ressentiments ou des souvenirs d'affection dont l'auteur a pu se préoccuper en écrivant son ouvrage. Les gens qui ont l'intelligence de l'art savent bien que le poète oublie

6

ce qu'il est quand il travaille ; hélas ! il ne travaille souvent que pour l'oublier ! Le monde réel disparaît dans l'horizon immense que l'inspiration lui dévoile ; son individualité s'efface, le sentiment de sa personnalité ne l'arrête plus. En vain vous l'appellerez par son nom, il ne vous répondra pas. Il n'est plus sur la terre, et le langage que vous parlez n'est pas le sien. En vain vous lui direz : « Prends garde, ces vers que tu récites d'une voix émue sont l'apologie de ton frère, de ton ami, ou la réhabilitation de ton ennemi le plus perfide ; » il ne vous comprendra pas. Dans le monde idéal qu'il habite, il n'y a point de haine et point d'intérêt. Dans ce beau pays de prétendues chimères, où les vérités éternelles ont seules le droit de pénétrer, les êtres innocents que l'on calomnie sur la terre, que d'injustes soupçons ont flétris, les êtres courageux qui, pour prix de leurs travaux et de leurs sacrifices, ne recueillent que malheur et proscription, ne sont plus ni des alliés, ni des rivaux, ni des amis, ni des ennemis, ce sont des victimes qu'il faut défendre et des martyrs qu'il faut chanter.

6 décembre 1839.

Acte I

Le théâtre représente un salon richement meublé. Fauteuils à la Voltaire, canapés forme anglaise ; tables couvertes de journaux, de revues et d'albums. Dans le fond une grande porte à deux battants. À gauche une cheminée, à droite une porte cachée par une portière. Au milieu une table ronde.

Scène première

Deux laquais en grande tenue, livrée de fantaisie.

UNE VOIX *derrière le théâtre.*

Ô journal vertueux ! je bois à ta santé !
Vive *la Vérité* !

PLUSIEURS VOIX *en chœur.*

Vive *la Vérité* !
On entend des rires.
Ah ! ah !

PREMIER LAQUAIS *préparant le service du café.*

Les entends-tu ? peste ! ils ne sont pas tristes !

DEUXIÈME LAQUAIS *allumant les candélabres.*

Les bons enfants, ma foi ! J'aime les journalistes !
Ça mange bien, ça rit, ça chante des couplets,
Et puis ça boit, ça boit ! Hein !

PREMIER LAQUAIS

Comme des Anglais.

DEUXIÈME LAQUAIS

On n'imagine pas tout ce que ça peut dire.

PREMIER LAQUAIS

Monsieur te grondera ; tu ne faisais que rire.

DEUXIÈME LAQUAIS

Ah ! dame ! si l'on doit hurler avec les loups,
Il est aussi permis de rire avec les fous.
C'est ce petit rougeaud. Dieu ! Dieu ! qu'il était drôle !
Il mettait sa serviette en manteau sur l'épaule.
Il demandait du poivre avec des fruits confits ;
Il déclamait des vers, et m'appelait son fils.
Des roses du surtout il couronnait sa tête,
En criant comme un sourd : Je suis roi de la fête !

Scène II

Les deux laquais, Martel, en habit du matin.

PREMIER LAQUAIS

Tais-toi donc.

MARTEL

Ces messieurs sont encore à dîner ?
Mais, que vois-je ? Pluchard a fait illuminer !

PREMIER LAQUAIS *voulant annoncer Martel.*

Monsieur vient tard, faut-il…

MARTEL

Non pas ; je sors de table.
J'ai fait par parenthèse un dîner détestable !

À part.

Je vais attendre ici ces messieurs. Il est dur
De manger un pain sec arrosé d'un vin sûr,
Quand d'un si bon repas on était le convive.
Mais, hélas ! je dépends d'une belle… un peu… vive,
Qui me guette des yeux, qui me tient enfermé.
C'est un malheur parfois que d'être trop aimé.
Si l'on m'offre un plaisir, sa colère s'allume,
Je refuse… et m'échappe en cet humble costume ;
Un frac serait suspect… Pour rassurer son cœur,
Il faut que je sois sale et fait comme un voleur.

Regardant autour de lui.

Le salon de Pluchard me paraît fort passable
Pour un appartement d'éditeur responsable.
C'est fort beau ; tout ceci fait honneur au journal !

Voyant qu'on allume le lustre.

Mais madame Pluchard a donc ce soir un bal ?

PREMIER LAQUAIS

Madame ?... Elle a dîné chez une de ses tantes,
Sachant qu'il s'agissait d'affaires importantes,
Pour laisser ces messieurs libres.

On entend de grands rires.

MARTEL

Elle a bien fait,
Et ces affaires-là sont graves en effet.

Les laquais sortent.

Ô madame Pluchard, que vous êtes sublime !
Sainte abnégation de femme légitime !
Quoi ! vous êtes épouse, et votre digne époux
Peut donner à loisir de gais repas sans vous !
Et moi qui n'ai point fait de serments chez un maire,
Moi, je n'y puis venir, tant ma coupe est amère.
Ah ! c'est dans l'hymen seul qu'avec sécurité
L'homme respire enfin l'air de la liberté !

On entend des rires.

Scène III

Martel, Guilbert est introduit par un laquais.

MARTEL

Heureux…

Apercevant Guilbert.

Monsieur Guilbert, notre capitaliste,
Notre budget !

GUILBERT *apercevant Martel.*

Martel ! le fameux journaliste !

MARTEL, *à part.*

Je n'ose en cet état paraître devant lui,
Je suis trop laid… Ah bah ! c'est la mode aujourd'hui.
On ne s'habille plus pour aller dans le monde.

Regardant Guilbert, qui est assez mal mis.

Et d'ailleurs…

GUILBERT, *à part.*

Parlons-lui du grand journal qu'il fonde.
Prouvons à ce Geoffroi, malgré ce qu'il écrit,
Qu'un homme de finance est un homme d'esprit.

MARTEL, *à part.*

Le gros Mondor, je crois, me fait des prévenances ;
Prouvons-lui qu'un auteur se connaît en finances.

GUILBERT, *à Martel.*

Pluchard nous fait attendre, il m'avait dit pourtant
Que nous pouvions ici nous rejoindre un instant,
Pour causer à loisir de sa belle entreprise.
Que fait *la Vérité* ce soir ?

MARTEL, *à part.*

Elle se grise.
Haut.

Le premier numéro doit paraître demain.

GUILBERT

La vérité nous guide une plume à la main !

MARTEL, *à part.*

Oh ! oh ! le financier se lance dans l'image ;
L'intention me plaît, c'est pour me rendre hommage.

Bas au laquais qui vient de relever le feu.

Dites à ces messieurs de ne pas se presser,
Et de parler plus bas et de ne rien casser.

À part.

Ce bruit l'alarmerait… la finance est peureuse.

Haut.

Le plan de ce journal est une idée heureuse.
J'ai bien chiffré l'affaire et la crois sans défaut ;
Mais ce sont des soutiens comme vous qu'il nous faut,
Car ce n'est pas l'argent, c'est le crédit qui manque.

GUILBERT, *à part.*

Oh ! oh ! notre Geoffroi se lance dans la banque,
Venons à son secours.

Haut.

Vous avez mon secret.
Dans ce nouveau journal je prends un intérêt ;

Mais ma position… mon gendre au ministère…
Vous comprenez…

MARTEL

Très bien.

GUILBERT

J'agis avec mystère.
Par moi vous obtiendrez plus d'un renseignement,
Mais vous en userez vous-même prudemment.
D'une indiscrétion on chercherait la source,
Et je ne pourrais plus…

MARTEL, *à part.*

Spéculer à la Bourse.

GUILBERT

Vous donner des avis avec autorité ;
Et tout doit être vrai dans notre *Vérité.*
J'ai là le prospectus, il est fait à merveille.

> *Il va pour lire le prospectus.*

LA VOIX *derrière le théâtre.*

La vérité se trouve au fond de la bouteille.
Buvons, du vin, du vin !

PLUCHARD, *derrière le théâtre.*

Servez du vin du Rhin.

GUILBERT

C'est la voix de Pluchard, il paraît fort en train.
Ceci n'annonce point une chère frugale.

MARTEL, *au supplice.*

Ce sont des… Marseillais… que notre ami régale…

14

À part.

Scandaliser ainsi son banquier, l'étourdi !

Haut.

D'aimables Provençaux… mais cerveaux du Midi.
Ce prospectus vous plaît ; vous disiez, ce me semble,
Qu'il était convenable ?

À part.

Ils vont venir, je tremble !

GUILBERT

Oui, j'en suis très content. Il est de vous, je crois.

MARTEL

De moi.

GUILBERT

Je veux encor le relire une fois.

Il parcourt des yeux le prospectus. Ou entend rire. Après avoir lu.

Fort beau !… je vous prédis un succès magnifique ;
Journal bien informé, savante polémique,
Un rédacteur en chef grave, adroit, respecté,
Car moi je tiens beaucoup à la moralité.

MARTEL, *à part.*

Diable ! que dirait-il s'il savait qu'à cette heure
Une nymphe en courroux ravage ma demeure ?

Haut.

15

Mais je vois qu'il vous faut des sages éprouvés,
Et j'ai bien peur…

GUILBERT

Comment ! Pluchard les a trouvés.
Oui, Pluchard m'a promis des jeunes gens très sages,
Qui sauront respecter le monde et les usages ;
Qui, se sentant goûtés par un public instruit,
Sauront être amusants sans scandale et sans bruit.

On entend casser des assiettes et des rires forcenés.

MARTEL

Les maudits Provençaux !

GUILBERT

Ils rompent nos oreilles.
Que leur mistral fameux les emporte…

MARTEL

À Marseille.

GUILBERT

La *Vérité*, monsieur, c'est un titre excellent ;
Mais qu'on y soit fidèle. Ah ! point de faux semblant !
La vérité, toujours.

MARTEL

Bon, vous parlez en maître.
Pour la dire toujours, il faudrait la connaître.
Chaque objet aux regards présente deux côtés,
Monsieur ; chaque principe a ses deux vérités,
Dont l'obligation tour à tour se démontre.
Si vous plaidez le pour, je plaiderai le contre,

Et je crains qu'arrivés à la péroraison,
Nous n'ayons tous les deux…

GUILBERT

Tort.

MARTEL

Ah ! bien pis, raison.
Quand deux hommes ont fort chacun dans leur système,
Quelque autre peut venir résoudre le problème ;
Mais quand des deux côtés le droit se trouve égal,
Il en résulte un choc à tous les deux fatal.
À qui rendre justice et donner préférence ?
Nous avons tous raison, c'est ce qui perd la France.
Ceux-ci, fiers du passé, vivent du souvenir ;
Ceux-là, rêveurs ardents, font tout pour l'avenir.
Les uns veulent garder tout le vieil édifice,
Les autres au progrès l'offrent en sacrifice,
Et chacun fait pour vaincre un inutile effort.
Ou s'entendrait déjà… si quelqu'un avait tort.

GUILBERT, *avec ironie.*

Je vois que vous jugez heureusement les choses.

MARTEL

Oui, monsieur, nos malheurs n'ont que de nobles causes.
Le mal n'existe pas chez nous, il n'est dans rien,
Et notre seul fléau…

GUILBERT

C'est…

MARTEL

C'est l'abus du bien.
Mais cet abus fatal détruit tout sans ressource.
Par lui le fleuve pur est souillé dans sa course :

17

Le ciel dorait ses flots, et le sang les rougit ;
Il coulait en chantant, en roulant il rugit ;
Au lieu de féconder la terre, il la ravage,
Et le peuple à jamais déserte son rivage.
Ainsi nous avons fait haïr par leur abus
De belles vérités dont nous ne voulons plus.
Nous avons abusé des vertus les plus grandes :
Les autels ont croulé sous nos lâches offrandes ;
Nous sommes aujourd'hui sans prière, sans foi,
Pour avoir abusé de la divine loi.
Le troue a succombé par excès de puissance ;
La liberté mourut en devenant licence ;
Et la presse, monsieur, nouvel astre du jour.
Pour avoir trop brillé, va s'éteindre à son tour.
Si nous sommes tombés, c'est par excès de gloire ;
Nous avions abusé même de la victoire.
Ah ! nous regretterons un jour, pauvres Français,
Tous ces trésors perdus, perdus par nos excès.

GUILBERT

Je pense comme vous, nous manquons de mesure ;
Mais le temps nous instruit, et cela me rassure.

MARTEL, *allant écouter au fond du théâtre.*

Ils viennent, c'en est fait…

GUILBERT

Il doit être fort tard.

MARTEL

Oui… neuf heures…

GUILBERT

Déjà… Veuillez dire à Pluchard
Que je suis obligé de faire une visite
Indispensable.

MARTEL

Bien… allez vite… allez vite.

GUILBERT, *revenant.*

Veuillez lui dire aussi que tout est convenu.

MARTEL

Oui.

GUILBERT, *revenant encore.*

Mais dans peu d'instants je serai revenu.

Il sort.

Scène IV

Martel, seul.

Il est parti, parti, très parti, je respire !
Vénérable banquier, je souffrais le martyre !
S'il avait reconnu les convives, grand Dieu !
À l'argent du journal il fallait dire adieu.
Avant tout, éloignons ce fâcheux trouble-joie ;
Il prétend revenir, faisons qu'on le renvoie.

Il sort.

Scène V

Edgar de Norval, Pluchard, Jollivet,
Griffaut, Blondin, Dubac, autres journalistes,
personnages muets, ensuite Martel.

Entrée bruyante des convives ; Jollivet, très gris, s'avance comme un roi de mélodrame, appuyé sur Griffant et Dubac ; Blondin s'élance sur le devant de la scène en faisant des entrechats et des pirouettes. Rire général.

TOUS

Ah ! ah ! ah ! c'est charmant !

PLUCHARD

Ah ! bravo, Jollivet.

GRIFFAUT, *quittant Jollivet.*

Ah ! ah ! avez-vous vu, messieurs, comme il buvait !

TOUS

Honneur à Jollivet !

JOLLIVET

Quel bruit insupportable !
Oh ! vous n'entendez rien au culte de la table.
Après dîner, messieurs, j'aime à me recueillir.

Les convives se dispersent dans le salon ; les uns causent assis sur les divans, les autres lisent des revues et parcourent des albums. De temps en temps Blondin s'amuse à danser. On sert le café.

EDGAR, *causant avec Pluchard.*

Chaque jour les Bédouins viennent nous assaillir
Aux environs d'Alger ; mais nos colons sont braves.

21

GRIFFAUT, *mettant du sucre dans une tasse de café.*

Pluchard, je m'y connais, sucre de betteraves.

JOLLIVET, *prenant un verre de liqueur.*

Je le bois au succès de l'empire ottoman !
Et je vais là-dessus... rêver en musulman.

Il s'étend dans un fauteuil.

GRIFFAUT, *à Jollivet.*

Tu n'étais pas hier à la pièce nouvelle ?

JOLLIVET

Non, j'avais une noce... Eh bien, comment est-elle ?

GRIFFAUT

Exécrable, stupide, on nous fait la leçon ;
Ah ! je vais l'arranger d'une belle façon.
L'auteur nous traite mal.

JOLLIVET

Je pardonne ce crime.
Moi, quand j'ai bien dîné, je suis très magnanime.

Martel revient, tous vont lui tendre la main.

PLUCHARD, *courant vers Martel.*

Ah ! mon pauvre Martel ! te voilà donc enfin !
Mais, tu n'as pas dîné ?

JOLLIVET

L'heureux homme, il a faim !

PLUCHARD, *à Martel.*

Nous t'avons attendu plus d'une heure et demie.

JOLLIVET

Et d'un dîner servi l'attente est ennemie.
Mais quel dîner ! c'était le chef-d'œuvre de l'art !
Ce quartier de chevreuil, parfait… et ce homard !
Il valait à lui seul vingt buissons d'écrevisses.
Ce punch au marasquin entre les deux services,
Exquis. J'ai bien dîné, très bien, je suis content ;
Je voudrais tous les jours pouvoir en faire autant.

À Martel.

Pauvre ami, je te plains, oh ! de toute mon âme !
Manquer un tel festin !… pour quoi ? pour une femme !

EDGAR

Est-il donc vrai, Martel ?

MARTEL

Mais j'ai peu de loisirs.
On me défend le monde et ses bruyants plaisirs.

EDGAR

Pour ta santé ?

MARTEL

Non, mais…

PLUCHARD

Une affreuse jalouse
Le suit comme un recors.

EDGAR

Qui donc ?

PLUCHARD

Sa fausse épouse,
Une ancienne beauté, nymphe de l'Opéra.
Si nous n'y prenons garde, elle l'étranglera.

EDGAR

Pour avoir tant d'empire, elle est donc bien jolie ?

MARTEL

Elle ? oui.

PLUCHARD

Non.

GRIFFAUT, *faisant signe à Pluchard.*

Si.

PLUCHARD

Non.

GRIFFAUT

Si.

PLUCHARD

Parbleu ! c'est Cornélie,
Ce squelette dansant que vous connaissez tous
Plus ou moins.

MARTEL

Ah ! Pluchard, ménage-moi les coups.

PLUCHARD

Non, je hais cette sotte et son fatal empire.

Elle est vieille, elle est laide, elle ne sait pas lire ;
Elle réduit à rien un homme intelligent,

Lui vole tout son temps, son temps et son argent ;
Car sa rapacité ne connaît point d'obstacle,
Il lui faut la mener tous les soirs au spectacle,
Avec de grands turbans ou de petits chapeaux,
Ou la conduire au bal couverte d'oripeaux…

EDGAR

C'est traîner un boulet.

PLUCHARD

D'une étrange nature ;
Peste ! un boulet qui veut qu'on le traîne en voiture !
C'est un luxe…

MARTEL

Pluchard !

PLUCHARD

Je remplis un devoir.

MARTEL

J'en conviens, je suis faible, et je crains son pouvoir.
Mais elle me permet de sortir pour affaire,
Elle me laisse aller tout seul chez mon notaire,
Je suis libre les jours de grands évènements :
J'ai pour moi les duels et les enterrements.

PLUCHARD

Riez, riez, bercez son éternelle enfance,
C'est honteux ! c'est honteux !

GRIFFAUT, *à Martel.*

J'accours à ta défense.

Qu'est-ce ?

MARTEL

Pluchard me gronde, il a le vin moral.
Mais il faudrait un peu s'occuper du journal ;
Tu me fais des sermons, et tes farces bouffonnes
Ont failli d'un seul coup renverser nos colonnes.

PLUCHARD

Comment ?

MARTEL

Monsieur Guilbert était scandalisé.

PLUCHARD

Guilbert était ici ?

DUBAC *qui écoutait.*

Guilbert ? ce gros frisé,
Qui pour mieux resserrer les nœuds de la famille
À l'amant de sa femme a marié sa fille ?

PLUCHARD

Chut ! d'un homme d'honneur parlez avec respect.

DUBAC

Bah !

PLUCHARD, *regardant si Edgar les écoute.*
Edgar de Norval…

DUBAC, *à part.*
Ce Norval m'est suspect.

PLUCHARD, *bas à Dubac*

Doit épouser bientôt la sœur de Valentine…
La fille de Guilbert.

26

DUBAC

Que m'importe !

PLUCHARD

Il s'obstine.
Durement.

D'ailleurs, c'est mon banquier, et vous m'obligerez
En parlant mieux de lui.

DUBAC

Tout ce que vous voudrez.

PLUCHARD *à Martel.*

Tu dis donc que Guilbert...

MARTEL

Entendant ce tapage,
S'alarmait.

PLUCHARD

En effet.

MARTEL

J'ai conjuré l'orage.
J'ai dit ce qu'il fallait pour expliquer vos cris,
J'ai dit que vous étiez des Provençaux très gris.
Il fallait bien mentir : c'est chose respectable,
Au temps où nous vivons, qu'un banquier véritable,
Et Guilbert est de ceux sur qui l'on peut compter.
Il n'escamote point l'argent qu'il doit prêter ;
Il n'est point de ces gens, banquiers imaginaires,
Qui promettent toujours, Célimènes d'affaires,
Qui ne donnent jamais ; spéculateurs profonds
Que nous avons nommés *entrebâilleurs* de fonds.
C'est un appui solide, et nous...

PLUCHARD

Veux-tu te taire ?
Le secours qu'il nous donne est encore un mystère.

MARTEL

Qu'ai-je fait ?

DUBAC, *finement.*

Bon, Guilbert.

PLUCHARD, *aux rédacteurs.*

Eh ! messieurs !

TOUS

Nous voici !

PLUCHARD

On va vous apporter vos épreuves ici.

EDGAR

On fait donc un journal ?

GRIFFAUT, *riant.*

D'où venez-vous ?

EDGAR

D'Afrique.

MARTEL

Tu n'as donc pas compris ce dîner symbolique ?

EDGAR

Non.

MARTEL

C'était un festin d'inauguration.

PLUCHARD

Et cette symbolique illumination,
Une image empruntée à la mythologie :

La Vérité, journal, nous éclaire.

28

MARTEL

En bougie.
Quand tu goûtais ces vins, ces truffes, ces pâtés…

EDGAR

Bien !

MARTEL

Tu te nourrissais de saines vérités.

EDGAR

On ne m'avait rien dit, j'ai mangé sans comprendre.
Mais aussi votre argot…

MARTEL, *montrant les journalistes.*

Viens, je veux te l'apprendre.
Tu vois ces jeunes fous, ce sont nos rédacteurs,
Plus ou moins gens d'esprit et plus ou moins auteurs.
Celui-ci n'a jamais écrit une colonne,
Le moindre article ; mais pour auteur il se donne,
Et son plus grand effroi, c'est d'être *reproduit.*
Celui-là se croit Kant parce qu'il l'a traduit ;
Il épluche pour nous les journaux d'Allemagne.
Celui qui dort là-bas en ronflant, c'est l'Espagne.
Ce petit, c'est Bertrand, voyageur du journal ;
Oui, sans que ça paraisse, il est au Sénégal.
Ce grand pâle est Griffaut, une tête savante.

EDGAR

Griffaut, je le connais, son nom seul m'épouvante ;
Il poursuit de sa haine un grand peintre, Morin,
Mon maître. Le pauvre homme ! il en meurt de chagrin.

MARTEL

Griffaut n'est point méchant, mais dès qu'il veut écrire,
Il ne sait pas comment, tout lui tourne en satire,

Sa plume est venimeuse et son rire fatal.
C'est un fort bon garçon qui fait beaucoup de mal.
Il est chargé des arts, de la littérature,
Des peintres, des auteurs.

EDGAR

Excellente pâture !
Mais il doit exciter de vifs ressentiments ?

MARTEL

Il les brave, il ne fait ni tableaux ni romans.

EDGAR, montrant Jollivet qui dort.

Dis-moi, ce gros joufflu là-bas n'est pas des vôtres ?

MARTEL

Qui ? lui !… c'est Jollivet, un de nos grands apôtres,
Écrivain politique et sermonneur de rois !
Le soutien du journal !…

EDGAR

Il chancelle parfois.

MARTEL

C'est le *premier Paris*, l'article d'importance,
Que l'on appelle aussi *morceau de résistance* !
C'est un homme très fort et qui sait son métier.
Comme buveur il peut troubler tout son quartier ;
Mais comme journaliste il est juge sévère ;
Diable ! il ne confond pas la plume avec le verre.
Ce Bacchus puritain, professeur de vertu,
N'est jamais plus moral que quand il a trop bu.
Il faut le voir, l'œil glauque et la face rougie,
S'indignant pour l'Europe au récit d'une orgie !
Il est beau !…

EDGAR

Je le crois, car en fait de repas,
Il doit trouver honteux fous ceux dont il n'est pas.

DUBAC, *qui écoutait.*

Martel et Jollivet feront la politique,
Moi, je fais les *canards.*

MARTEL

Ce mot veut qu'on l'explique.
On nomme fiction un mensonge rimé,
On appelle *canard* un mensonge imprimé.
Ainsi, ces deux Anglais jetés sur le rivage
Et mangés par un ours...

EDGAR

C'est un canard.

MARTEL, *riant.*

Sauvage.

EDGAR

Ce calembour, mon cher, est de bien mauvais goût.

DUBAC

Ce coquin de Martel met de l'esprit partout.

EDGAR, *montrant Dubac.*

Cet homme est du journal ?

MARTEL

Non pas.

EDGAR

C'est quelque artiste ?

31

                    MARTEL

Non.

                    EDGAR

Quel est son état ?

                    MARTEL

Flatteur de journaliste.
Il pose ses deux mains sur les épaules de Blondin, qui danse.
Allons, maudit sauteur, toujours en mouvement.

                    BLONDIN

J'imitais Taglioni ; vois, ce pas est charmant.
Il danse.

                    MARTEL

Il pleure le matin, et le soir il s'enivre.

                    BLONDIN

Plus on est nécrologue, et plus on aime à vivre.

                    EDGAR, *riant.*

Monsieur est nécrologue ?

                    MARTEL

Il écrit à ravir
Les articles de deuil.

                    BLONDIN, *à Edgar.*

Tout prêt à vous servir.
Qui pleurons-nous demain ? Un grand homme célèbre
Dont le nom soit ronflant dans la phrase funèbre.

                    MARTEL

Non, c'est un vieux chimiste, un savant ingénu.

                    BLONDIN

Tant mieux, eu fait de morts j'adore l'inconnu.
Trop de célébrité me gêne quand je vante,

Et je me tire mieux des vertus que j'invente.
Par aucun souvenir je ne suis arrêté.
Je brode sans remords, je pleure en liberté.
Mais j'exige qu'on soit bien mort ; je me défie.
Depuis que l'on m'a fait vanter un homme en vie,
J'y regarde à deux fois ; car messieurs les auteurs
Sont des fripons fieffés, d'infâmes imposteurs,
Qui, se moquant de tout, même du nécrologe,
Font semblant de mourir, pour voler un éloge.

On entend frapper à la petite porte.

Qu'ai-je entendu ! Messieurs, on a frappé trois coups.
Le spectacle commence.

PLUCHARD

Entrez ; que voulez-vous ?

Scène VI

Edgar, Pluchard, Jollivet, Griffaut, Blondin, Dubac,
autres journalistes, personnages muets, Martel, Charles.
Jollivet s'éveille.

MARTEL

Ah ! je n'avais pas vu cette porte perfide.

BLONDIN

C'est quelque femme !

MARTEL, *effrayé.*

Ô ciel !

BLONDIN, *s'approchant de la petite porte.*

Venez, beauté timide,
Ne tremblez pas, donnez votre gentille main.
Venez… Je ne vois rien…

Apercevant Charles.

Ah ! quel affreux gamin !

PLUCHARD, *à Charles.*

Viens, viens.

CHARLES

Voilà, monsieur, une heure que je sonne,
Que je cherche partout, je ne trouve personne,
Et je me suis perdu dans ce grand corridor.

PLUCHARD

Les gens sont à dîner.

JOLLIVET, *étendant le bras.*

Peut-on dîner encor !

Charles donne les épreuves à Pluchard, qui les passe à Martel.

MARTEL, *distribuant les épreuves, s'assied à la table.*

Allons, messieurs, venez corriger votre style.
Tiens, donne à Jollivet.

BLONDIN, *regardant Jollivet.*

Ah ! c'est bien inutile !

MARTEL

Griffaut, voilà pour toi. Tout ceci m'appartient.

GRIFFAUT

Il me manque un feuillet.

MARTEL

Celui-là te revient.

BLONDIN, *secouant Jollivet.*

Il ne pourra jamais corriger une phrase,
Il est tout à fait gris.

JOLLIVET

Moi ! je suis en extase.
Il prend ses épreuves. Il lit.
Voyons : « Nous assistons à de tristes débats. »
Il saute plusieurs feuillets et ne regarde que la fin.
C'est très bien. « Le roi règne et ne gouverne pas. »
Il se rendort, les épreuves tombent par terre. Pluchard les ramasse.

MARTEL, *corrigeant son article.*

Que vois-je ? Chocolat… Chocolat de vanille.
Les bourreaux ! au lieu de consulat de Manille.
C'est charmant.

GRIFFAUT

Moi, j'ai bien quoique petite erreur :
Ils ont mis l'empirique au lieu de l'empereur.

35

BLONDIN

Ah ! ce n'est rien ; moi, j'ai l'autruche pour l'Autriche.

CHARLES, *à Pluchard.*

Voulez-vous voir, monsieur, l'épreuve de l'affiche ?

PLUCHARD

Sans doute, donne-la.
Charles rentre dans le corridor.

MARTEL, *parcourant l'article que Griffaut lui donne à lire.*

Le mot est bien affreux,
Griffaut ; mais tu veux donc tuer ce malheureux ?
Il appelle Morin barbouilleur de murailles !

GRIFFAUT

N'est-ce pas le vrai nom d'un peintre de batailles ?

BLONDIN

Quoi ! c'est toujours Morin ? Tu le poursuis longtemps.

GRIFFAUT

Aujourd'hui je l'achève.

BLONDIN

Alors, moi, je l'attends.

EDGAR

Ah ! messieurs, respectez ses quarante ans de gloire ;
Les tableaux de Morin sont toute notre histoire.
Pour parler d'un vieillard quittez ce ton railleur.

GRIFFAUT

Je me laisse attendrir.
À Martel.

Efface… barbouilleur.

DUBAC, *montrant Edgar.*

Monsieur est quelque auteur maltraité, je parie.

EDGAR

Moi, monsieur ? non, je suis dans la cavalerie,
Officier de spahis.

MARTEL, *serrant la main d'Edgar.*

Mon ami, mon témoin.

EDGAR

Oui, dans tous ses duels.

DUBAC, *à part.*

Diable soit du Bédouin !

MARTEL

Ce premier numéro, messieurs, est un modèle.
Demain de tout Paris ce sera la nouvelle.
Dans l'immense succès chacun aura sa part.

PLUCHARD, *prenant les épreuves.*

Et tout cet esprit-là sera signé Pluchard…
  On sert le punch.

BLONDIN, *montrant le rideau de la porte qui s'agite.*

Regardez, regardez, on dirait d'une trombe.

CHARLES, *soulevant le rideau.*

Aidez-moi, c'est trop lourd, tout va tomber ; tout tombe !
  Il laisse tomber un énorme rouleau d'affiches.

BLONDIN, *dépliant le rouleau.*

Voici des vérités de toutes les couleurs.

  *Les journalistes endormis se lèvent et viennent étaler des affiches de
  toutes couleurs ; ils se posent comme les renommées qui soutiennent
  les tableaux de bataille. Sur ces affiches immenses on lit.*
    *LA VÉRITÉ JOURNAL POLITIQUE QUOTIDIEN PUBLIÉ
  SOUS LES AUSPICES D'UN GRAND NOMBRE DE DÉPUTÉS.*

PLUCHARD, *servant le punch.*

Martel, dans ce punch viens, viens noyer tes douleurs.
Quel amour peut brûler d'une plus belle flamme !

UN LAQUAIS, *à Martel qui va pour boire.*

On vient chercher monsieur.

PLUCHARD

Eh ! qui donc ?

LE LAQUAIS

Une dame.

MARTEL *posant son verre sans boire.*

Il me faut vous quitter, mes amis, plaignez-moi !
À demain.

TOUS

À demain.

BLONDIN

Va, nous boirons pour toi.

PLUCHARD, *appelant Charles.*

Eh ! gamin, viens ici ; tiens, voilà pour ta peine.
Blondin, Martel et Griffaut lui donnent une pièce de monnaie.

CHARLES, *à part.*

Chacun cent sous.
Haut.

Merci, messieurs. La bonne aubaine !
Les journalistes s'approchent de la table et boivent du punch.

EDGAR, *les regardant.*

Voilà donc le pouvoir que l'on nomme journal !
Royauté collective, absolu tribunal :

Un jugeur sans talent, fabricant d'ironie,
Qui tue avec des mots un homme de génie ;
Un viveur enragé – s'engraissant de la mort ;
Un fou – qui met en feu l'Europe et qui s'endort ;
Un poète manqué, grande âme paresseuse,
Qui se fait, sans amour, gérant d'une danseuse…
Tous gens sans bonne foi, l'un par l'autre trahis !
Ce sont là tes meneurs, ô mon pauvre pays !

Acte II

Le théâtre représente un cabinet-bibliothèque. Sur le devant un bureau ; à gauche un canapé. On voit dans le fond, sur un fauteuil, un châle ; sur un autre fauteuil, un col de satin noir ; sur le canapé, une redingote, un chapeau d'homme et le sac à ouvrage d'une femme. Par terre beaucoup de papiers chiffonnés. Les cartons, les papiers du bureau sont en désordre.

Scène première

Martel, Baptiste.

MARTEL *reconduisant deux importuns.*

Messieurs, j'en suis fâché, cela m'est impossible
Baptiste !... maintenant je ne suis plus visible
Pour personne ; entends-tu ? pour personne !

BAPTISTE

C'est bien,
Bien.

MARTEL

Je veux être seul, ne m'apporte plus rien,
Ni lettres ni journaux... enfin !... Quelle galère !
Et que c'est fatigant de se mettre en colère
Du matin jusqu'au soir !... Mon courage est à bout.
Ces gens-là viendront-ils me poursuivre partout ?
L'un m'attrape au collet, et me force d'entendre
Un article assommant qu'il s'obstine à me vendre ;
L'autre d'un grand projet prétend m'entretenir,

40

Et me prend mon chapeau pour mieux me retenir.
J'en trouve un toujours là, que je rentre ou je sorte ;
Je passe tout mon temps à les mettre à la porte.
Des auteurs !... c'est très long à chasser poliment.
Enfin me voilà seul ! seul et libre un moment !
La reine de mes jours, Nélie, est au théâtre :
Elle répète un pas Nymphe, je t'idolâtre,
Mais j'aime à te savoir heureuse loin de moi,
Et mon plus grand plaisir est de penser à toi !
Je ris, et cependant, je le sens, il est triste,
Quand on est né rêveur, de vieillir journaliste ;
De perdre la saison où le talent fleurit
En de mesquins travaux et de vains jeux d'esprit ;
De vendre ses destins pour un mince salaire ;
De travailler toujours, toujours pour ne rien faire ;
Griffonnage honteux qui nous gâte la main,
Œuvre sans avenir, succès sans lendemain !
Heureux si l'on nous jette un regret pour hommage,
Et si l'on nous admire en disant : Quel dommage !
Mais il est tard ; voyons, pour ce soir j'ai promis
Un article saillant contre nos faux amis.

Il s'assied devant son bureau.

Nous n'avons point, dit-on, de couleur politique,
Nous parlons pour ou contre un langage mystique.
Eh bien, soit, pourquoi prendre un chemin détourné ?
Attaquons le pouvoir, et flattons l'abonné ;
Mettons-nous franchement contre le ministère,
Soyons durs, disons-lui qu'il est sans caractère,
Qu'il subit sans courage une invisible loi,
Qu'il se laisse mener bassement... par le roi ;
Oui, commençons ainsi : « L'homme d'État résiste
« Au monarque, et pour lui la fermeté... »

       CORNÉLIE *dans la coulisse ; elle crie :*
Baptiste !

MARTEL

Ah ! mon Dieu, la voici… déjà… je suis perdu !

Scène II

Martel, Cornélie, Baptiste.

CORNÉLIE

Baptiste, entendez-vous ?

BAPTISTE

Oui, j'ai bien entendu.
Je viens, mademoiselle.

CORNÉLIE, *avec humeur.*

On m'appelle madame.
À Martel.

Dites-lui donc, monsieur, que je suis votre femme.

MARTEL, *à son bureau.*

Il ne le croirait pas, c'est un vieil entêté.

CORNÉLIE, *à Baptiste.*

Mon costume est-il prêt ? l'avez-vous rapporté ?
Sur la manche a-t-on mis des rosettes nouvelles ?
A-t-on raccommodé le ressort de mes ailes ?

BAPTISTE

Oui, mad... ame, à présent elles battent toujours.

CORNÉLIE

Mes socques, prenez-les... les monstres, qu'ils sont lourds !

Baptiste emporte les socques.

J'ai les pieds tout enflés... la maudite chaussure !
Pour de certains états il faut une voiture.
Je ne dis pas cela pour me faire valoir,
Mais trotter le matin quand on danse le soir,
C'est très pénible...

43

Elle s'assied sur le canapé. Baptiste sort.

MARTEL, *à part.*

Oh ! oh ! le temps est à l'orage.
Ne nous démontons pas, et montrons du courage.

CORNÉLIE, *tirant de sa poche un journal.*

Me maltraiter ainsi, c'est une indignité !
Parler ainsi de moi dans votre *Vérité* !

Elle lit.

C'est affreux, voyez donc : « L'antique Cornélie
À beau faire semblant d'avoir été jolie,
Et raconter toujours ses succès d'autrefois,
On ne l'applaudit point ; cette nymphe aux abois
Dont l'âge prohibé joue au trente et quarante... »
Quel mauvais calembour !

Elle jette par terre le journal.

MARTEL, *écrivant toujours.*

Vous paraissez souffrante.

CORNÉLIE

Oui, plaisantez, monsieur, prenez-le sur ce ton.
Vous n'avez donc pas lu ce mauvais feuilleton ?

MARTEL

L'article de Griffaut ? si fait, ma bonne amie ;
Mais je l'ai lu très tard, et ma vue endormie...

CORNÉLIE

Fort bien ; vos rédacteurs m'attaquent à loisir ;
C'est sans doute, monsieur, pour vous faire plaisir,
Que dans votre journal on m'insulte, on m'outrage ?

MARTEL, *lisant le journal qu'elle lui met sous les yeux.*

Ah !... je n'avais pas lu cet insolent passage ;
C'est un tour de Pluchard ; mais il me le paiera !

CONÉLIE

Tout le monde on riait tantôt à l'Opéra.
Belle nymphe aux abois, c'est ainsi qu'on me nomme.

MARTEL

Le traître de Pluchard !

CORNÉLIE

Oh ! c'est un vilain homme !
Je l'ai toujours haï, je ne veux plus le voir.

MARTEL, *à part.*

Il va me dire encor : Je remplis un devoir.
Il faut la consoler.

Il se lève et va s'asseoir près d'elle sur le canapé. Haut.

C'est une indigne ruse,
Va, je les punirai ; ce tour n'a pas d'excuse ;
Ils savent tous combien je te suis attaché.

CORNÉLIE

Le bel attachement !

MARTEL

D'honneur, j'en suis fâché !
À part.

Ce coup est à la fois maladroit et barbare,
Car ces sinistres-là, c'est moi qui les répare.
Je ne la vois jamais chagrine sans effroi :
Ses consolations sont mes malheurs, à moi.

45

Haut.

Allons, il ne faut pas que cela te tourmente,
Tu n'as jamais été plus jeune et plus charmante :
Toujours tes petits pieds, et tes beaux cheveux d'or,
Et tes grands yeux d'azur…

CORNÉLIE, *très radoucie.*

Ce n'est pas tout encor
J'ai perdu mon manchon.

MARTEL, *avec effroi.*

Elle devient câline.

CORNÉLIE

Un superbe manchon en martre zibeline.

MARTEL, *à part.*

Ce manchon égaré me paraît menaçant.
Je n'aime pas du tout ce regard caressant.

Haut.

Patience, Nélie, on va jouer mon drame,
Le succès est certain pour le rôle de femme ;
J'ai trouvé quelques vers très beaux Écoute-les.

CORNÉLIE

Si vous m'aimiez, monsieur, vous feriez des ballets.

MARTEL

J'en ai fait trois, et c'est… un travail monotone :
La Fille des déserts, Jupiter chez Latone,
Et *Roland furieux.*

CORNÉLIE

Mon manchon !

MARTEL, *à part.*

Je suis pris.
Ah ! je suis ruiné, la martre est hors de prix ;
Le moindre chinchilla coûte une somme énorme.

Haut, regardant le châle de velours que porte Cornélie.

Quel joli mantelet ! quelle élégante forme !

CORNÉLIE, *avec humeur.*

C'est mon vieux mantelet, je le mets tous les jours.

MARTEL

Eh bien, rien ne sied mieux qu'un châle de velours ;
Cela grandit la taille, ennoblit la tournure.

CORNÉLIE

Oui, mais sur le velours il faut de la fourrure ;
On ne peut pas sortir sans manchon le matin.

MARTEL, *à part.*

Le manchon me poursuit ; inflexible destin !

Haut.

Un manchon ! la saison est bien trop avancée.
Nous sommes au printemps.

CORNÉLIE

La rivière est glacée.

MARTEL

Cela ne prouve rien... Les bourgeons vont s'ouvrir.

CORNÉLIE

Il neige tous les jours.

47

MARTEL

Les lilas vont fleurir.

CORNÉLIE

Il me faut un manchon.

MARTEL, *s'impatientant.*

Alors, cherchez le vôtre.

CORNÉLIE

Je l'ai perdu, vous dis-je, et j'en désire un autre.

MARTEL

Je ne suis pas en fonds… Mais chut ! voici quelqu'un.

CORNÉLIE, *à part.*

C'est bon, j'y reviendrai.

MARTEL

Encore un importun.

Scène III

Martel, Cornélie, Baptiste.

BAPTISTE

Monsieur, c'est ce monsieur…

MARTEL

Je n'y suis pour personne ;
Tu ne comprends donc pas les ordres que je donne ?

BAPTISTE

Mais c'est monsieur Guilbert.

MARTEL, *à Cornélie.*

Va vite, et laisse-nous.
C'est notre homme d'argent !

Allant au-devant de Guilbert.

Pardon, je suis à vous.
Baptiste sort. Cornélie se retire lentement. Guilbert la regarde s'éloigner.

Scène IV

Martel, Guilbert, et par moments Cornélie.

MARTEL

Pardon, monsieur Guilbert, on vous fait bien attendre.

GUILBERT, *à part.*

J'interromps, je le vois, un entretien très tendre ;
Mais je suis sans pitié. Perdre cent mille écus
Par ce maudit journal ! Assez, je n'en suis plus.

Haut.

C'est madame Martel ? Monsieur, je vous dérange.

MARTEL

Non, moi, je suis garçon.

À part.

Sa figure est étrange.
Il a l'air mécontent, il paraît agité.
N'oublions pas qu'il tient à la moralité.

Haut.

C'est une femme auteur qui m'apportait un livre.
Et de ces femmes-là j'aime qu'on me délivre.
Vous venez, n'est-ce pas, me parler du journal ?
Comment le trouvez-vous ?

GUILBERT

Je le trouve fort mal.

MARTEL

Vous m'étonnez, monsieur, son succès est immense.

GUILBERT

Me ruiner d'un mot, c'est par là qu'il commence.

MARTEL

Redoutez-vous déjà nos indiscrétions ?

GUILBERT

Vous avez fait baisser toutes nos *actions*.

MARTEL

Je ne vous comprends pas. Comment, monsieur, vous dites…

GUILBERT

Je dis, parbleu, je dis que vos phrases maudites
Sur les chemins de fer, que vous montrez mourants,
Font perdre à moi Guilbert…

MARTEL

Quoi ?

GUILBERT

Trois cent mille francs !

MARTEL

Ah ! monsieur, j'ignorais que dans cette industrie
Vous fussiez engagé ; croyez-le, je vous prie,
C'est un malheur affreux… j'en suis au désespoir…
Mais on peut…

CORNÉLIE

Avons-nous la loge pour ce soir ?
Apercevant Guilbert.

Je le croyais parti.
Martel lui fait signe, elle sort.

GUILBERT, *avec malice.*

C'est encor cette dame ;
Elle vient donc souvent ?

MARTEL, *avec embarras.*

Oui, pour une *réclame*
Que dans notre journal elle veut publier.

GUILBERT

Elle demeure près ?

MARTEL

Sur le même palier.
Tout sera réparé, monsieur ; nous pouvons faire
Demain un autre article à celui-ci contraire ;
Oui, quelque industriel fictif nous écrira
Que nous avons eu tort, et tout s'arrangera.
Cela se fait souvent dans un cas difficile.
Un bon journal, monsieur, est un coursier docile
Qui peut passer partout quand il est bien monté.

GUILBERT

Galopez donc sans moi, car votre *Vérité*
M'a mis à pied. Adieu ; ce début m'est funeste.

MARTEL

Comment ?

GUILBERT

Je veux garder pour moi ce qui me reste.
Je suis quitte envers vous, j'ai payé largement.
Demain je reprendrai mon cautionnement.

Il se dirige vers la porte.

MARTEL

Monsieur Guilbert !...

CORNÉLIE

Édouard...

GUILBERT, *heurtant Cornélie.*

Pardon… mais il me semble
Que je connais ces yeux… Cette femme ressemble…
C'est elle…

MARTEL, *bas à Cornélie.*

Va-t'en donc.
Elle sort.

GUILBERT

Le mensonge est flatteur.
Depuis quand Cornélie est-elle femme auteur ?
Je crois que c'est plutôt la femme de ménage.
Ah ! monsieur, je comprends.

MARTEL, *confus.*

Pardonnez à mon âge.

GUILBERT

Tout s'explique : vraiment, je ne m'étonne plus,
Messieurs, si vos écrits le soir sont mal relus,
Et si l'on trouve tant de prose vertueuse
Dans-vos articles faits aux pieds d'une danseuse !
Comme vous, nous vivions très gaiement autrefois,
Mais nous ne faisions pas et les mœurs et les lois.
Comme vous, nous aimions des femmes de théâtre,
Nous nous mêlions aux jeux de leur troupe folâtre ;
Nous flattions chaque jour leurs caprices nouveaux,
Nous leur donnions de l'or, des hôtels, des chevaux,
Des diamants, des fleurs, des châles, des dentelles,
Mais nous ne vivions pas en ménage avec elles !

Il sort indigné.

53

Scène V

Martel, seul.

Qu'est-ce qu'il chante là, ce vieux mauvais sujet ?
Je règle mes amours, parbleu ! sur mon budget :
Si j'avais tant de luxe à donner à ma belle,
Va, je ne vivrais pas en ménage avec elle,
Et je lui ravirais le droit de m'enchaîner ;
Mais on partage, hélas ! quand on ne peut donner.
Quand on n'a pas d'argent pour payer l'infamie
D'une maîtresse... eh bien, l'on se fait une amie.
À sa dure misère on unit son destin,
En offrant ce qu'on gagne : un asile et du pain.

Réfléchissant.

Il est fâché... Sans lui nous serons mal à l'aise...
Mais il nous reviendra. Toute affaire mauvaise
À l'attrait du danger et du fruit défendu.
Rien ne ramène un cœur comme l'argent perdu...
Quoi ! deux heures déjà ! vite que je travaille !
Interrompu toujours, on ne fait rien qui vaille.

Il s'assied encore devant son bureau.

Je disais... je disais... mais je ne sais plus quoi...
Ah !... que le ministère est mené par le roi.

54

Scène VI

Martel, Cornélie.

CORNÉLIE, *à part.*

Enfin le voilà seul !
Haut.

Je venais pour te dire…

MARTEL, *avec impatience.*

Laissez-moi, laissez-moi… je suis en train d'écrire.
Laissez-moi !…

CORNÉLIE

Travaillez, je ne vous parle pas.
À part.

J'ai trouvé le moyen.
Elle ouvre les cartons d'un cartonnier.

MARTEL

Que fais-tu donc là-bas ?

CORNÉLIE

Je cherche des papiers.

MARTEL, *riant.*

Des papiers de famille ?

CORNÉLIE, *prend un manuscrit et lit.*

« *Le Ministre et l'amant, on la Mère et la fille.* »
Je savais bien l'avoir serré dans ce carton.

MARTEL

Quel est ce manuscrit ?

CORNÉLIE

C'est un vieux feuilleton…
Une histoire d'amour que vous avez écrite
Un matin, en riant.

MARTEL

Une histoire inédite ?

CORNÉLIE

Un article de mœurs qui n'est pas important…

À part.

Mais que nous donnerons pour trois cents francs comptant.

Elle lit.

« Madame de Lorville aimait à la folie,
Comme on aime à trente ans, quand on n'est plus jolie,
Un préfet. » – C'est cela, bien…

Elle tourne quelques pages et lit encore.

« Très honnêtement
La mère a marié sa fille à son amant. »
De madame Guilbert c'est le portrait, l'histoire…
Bah ! les noms sont changés… il n'a pas de mémoire.
D'ailleurs, je saurai bien l'envoyer malgré lui.
Patience, j'aurai la victoire aujourd'hui.
Ceci, c'est un manchon.

Elle roule le manuscrit, dans lequel elle met ses mains comme dans un manchon.

MARTEL

Tu bavardes sans cesse,
Je ne puis travailler.

CORNÉLIE

Bien, monsieur, je vous laisse.

MARTEL, *écrivant rapidement.*

Ne me dérange plus, je suis très en retard.

Elle sort.

Scène VII

Martel, Pluchard.

PLUCHARD

Il faut que je lui parle ! Allons, c'est moi, Pluchard.

MARTEL, *impatienté.*

À l'autre, maintenant.

PLUCHARD, *avec effroi.*

Martel, as-tu des armes ?

MARTEL

Qu'est-il donc arrivé ?

Il quitte son bureau.

PLUCHARD

Ma femme est tout en larmes.

MARTEL

On veut t'assassiner ! D'où te vient cet émoi ?
Parle.

PLUCHARD

Un homme est venu pour se battre avec moi.
Ah ! jamais je n'ai vu de pareille colère.
Il criait, il jurait comme un héros d'Homère.
Ah ! quel homme !

MARTEL

Son nom ?

PLUCHARD

Morin.

58

MARTEL

Quoi ! ce vieillard ?…

PLUCHARD

Un vieillard, lui ! Tudieu, c'est un fameux gaillard,
Qui devient diablement jeune quand il se fâche.
Il vous traite de fou, d'ignorant et de lâche,
Et de mille autres noms à peu près de ce goût.
Mais le plus effrayant, c'est qu'il me suit partout.
Oui… je viens de le voir en entrant tout à l'heure.

MARTEL

Rien de plus naturel, c'est ici qu'il demeure.

PLUCHARD

Je respire.

On entend tomber des tables, des chaises.

MARTEL

Entends-tu ce bruit ?

PLUCHARD

Quel bacchanal !
Qu'est-ce que ce tapage ?

MARTEL

Un effet de journal.

PLUCHARD

J'entends marcher là-haut.

MARTEL

C'est ton homme qui rentre…
C'est le lion blessé qui rugit dans son antre,
Exhalant contre nous sa haine et sa fureur.

PLUCHARD

Dis-moi, n'était-il pas peintre de l'empereur ?

MARTEL

Oui.

PLUCHARD, *reculant épouvanté.*

Mais qui vient donc là… dans ce corridor sombre ?

MARTEL

Tout l'effraye aujourd'hui.

PLUCHARD

Mon ami, c'est une ombre,
Un fantôme boiteux ; ce n'est point un mortel.
Quels cheveux ! quelle barbe !… il vient !

Scène VIII

Martel, Pluchard, André.
André entre par la porte de service ; il a
une jambe de bois et un bras de moins.

ANDRÉ

Monsieur Martel.

MARTEL

C'est quelque mendiant, va-t'en fermer la porte.
Quand puis-je travailler ?

Il s'assied devant son bureau.

ANDRÉ, *tenant un papier.*

Monsieur, je vous apporte
La liste des tableaux du grand peintre Morin.

PLUCHARD, *d'un air gracieux.*

C'est un talent sublime, et nous étions en train

À part.

De faire son éloge. Attirons ce sauvage,
Et servons-nous de lui pour apaiser la rage
De ce fou dangereux qui trouble mon repos.

Haut.

Je vous le disais bien, vous venez à propos :
Vous êtes de Morin…

ANDRÉ

Le serviteur fidèle,
L'ami, le confident, et, de plus, le modèle.

61

Depuis deux ans je souffre en le voyant souffrir.
Ah ! monsieur, les journaux ! ils nous feront mourir.

PLUCHARD

Martel, écoute donc cet homme ; il m'intéresse,
Vraiment.

ANDRÉ

Monsieur Martel, pardon, si je m'adresse
À vous pour obtenir quelques soulagements
Aux chagrins de mon maître, à ses affreux tourments ;
Ce désespoir, monsieur, c'est comme une folie ;
Ses accès me font peur : il s'emporte, il s'oublie.
Un jour, n'en dites rien, il s'est empoisonné.
Ses élèves déjà l'ont tous abandonné.
Dam, messieurs, vous avez tant ri de son école,
Que tous ces jeunes gens vous ont crus sur parole ;
En lisant les journaux, ils rougissaient de lui,
Et comme des ingrats loin du maître ils ont fui.
L'atelier est désert. Monsieur le journaliste,
Ayez pitié de lui. Tenez, voici la liste
Des tableaux qu'il a faits jadis, dans son bon temps :
Alexandre, l'Amour faisant passer le Temps,
La Bataille d'Iéna, les Muses au Parnasse...

MARTEL, *toujours assis à son bureau.*

Bien ; pour le consoler, que veux-tu que je fasse ?

ANDRÉ

Un éloge, monsieur, lui rendrait la raison.

MARTEL

Un éloge, en effet, c'est le contrepoison
De la critique.

ANDRÉ

Un mot, et moi je vous pardonne
D'avoir dépareillé mon auguste personne.

MARTEL

Que dis-tu ? je serais…

ANDRÉ

Vous, non, mais vos pareils,
Dont j'ai trop bien suivi les dangereux conseils ;
Ceux qui nous font rester trois jours en embuscade
Derrière un omnibus, qu'ils nomment barricade ;
Qui, chauffant nos esprits, dans de sanglants combats
Nous donnent rendez-vous, et qui n'y viennent pas.
Nous étions des héros dans notre imprimerie,
Nous allions tous les ans délivrer la patrie.
En juin, j'étais là-bas ; diantre ! il y faisait chaud !
J'y courus patriote, et j'en revins manchot ;
Les balles m'ont taillé, messieurs, vous voyez comme.
Or, n'ayant plus d'état, je me suis fait bel homme.

PLUCHARD

En effet.

ANDRÉ

Non, je suis mieux que je ne parais ;
La blouse me va mal, il faut me voir de près.

PLUCHARD

Vous avez une barbe…

ANDRÉ

Ah ! c'est là ma fortune.
Cette barbe, messieurs, c'est celle de Neptune,
C'est celle de Moïse et celle de Platon.
Je nourris quatre enfants des fruits de mon menton.
Pour un boiteux manchot, c'est être encore habile

Que de gagner sa vie en restant immobile.
N'importe, j'aimais mieux mon état d'imprimeur.
Je me sens mannequin et j'en ai de l'humeur.
Ah ! les vilains journaux ! ah ! que je les déteste !
Je les déchire tous de la main qui me reste.
Tiens ! j'oubliais, monsieur... vous êtes du métier...

MARTEL

Je te livre, mon cher, le troupeau tout entier.
Mais va vite porter ma promesse à ton maître :
Nous ferons son éloge.

ANDRÉ

Il ne doit point connaître
Ma visite.

MARTEL

Souvent, va, je prends son parti ;
Tu n'as en me parlant prêché qu'un converti.

À Pluchard.

Toi, Pluchard, maintenant que tu n'as rien à craindre,
Cours apaiser Guilbert ; il est venu se plaindre.

PLUCHARD

Guilbert ?

MARTEL

Il veut, dit-il, reprendre son argent.
Va vite le calmer.

PLUCHARD

Ah ! ce n'est pas urgent,
Car nous serons bientôt hors de sa dépendance.

MARTEL

Vrai ? tant mieux ! À ce soir.

PLUCHARD

Au foyer de la danse.

ANDRÉ

Adieu, monsieur Martel, je n'espère qu'en vous.

MARTEL

Va, sous deux jours Morin sera content de nous.

Scène IX

Martel, seul.

Je n'ai rien fait encor, la journée est passée !
Reprenons, s'il se peut, ma phrase commencée.
Je ne sais où j'en suis. Mais, dites-moi, peut-on,
Avec tous ces tracas, écrire rien de bon ?
Comment ne pas manquer un article qu'on bâcle ?
S'il n'est pas monstrueux, c'est encore un miracle.
Voyons… « Le ministère agit légèrement.
Nous pourrions le laisser dans son aveuglement ;
Mais ses folles erreurs, la France les expie,
Et nous devons sauver les… »

Scène X

Martel, Charles.

CHARLES

Monsieur, la copie ?

MARTEL

Ah ! malédiction ! déjà !… me voilà bien !

CHARLES

Avez-vous quelque chose à donner ?

MARTEL

Je n'ai rien.

CHARLES

Monsieur, les ouvriers attendent.

MARTEL

Qu'ils attendent !

CHARLES

J'arrive du bureau ; ces messieurs vous demandent
Le feuilleton des arts.

MARTEL

Eh bien, va le chercher.
Griffaut…

CHARLES

Il est malade et vient de se coucher.
On ne peut pas le voir, et sa mère le garde.

MARTEL

Quoi, pas de feuilleton !

67

Scène XI

Martel, Cornélie, un manuscrit à la main, Charles.

CORNÉLIE

Bon, ceci me regarde.
Un feuilleton, Édouard ? moi, j'ai ce qu'il vous faut,
Et cet article-là vaut tous ceux de Griffant.

MARTEL

Ah ! tu viens me sauver. Quelle excellente idée !
Voyons ce manuscrit.

CORNÉLIE, *à part.*

Je vais être grondée.
À Charles.
Tiens, petit.

MARTEL

Non, donnez, donnez donc.

CORNÉLIE

Le voilà.

MARTEL, *parcourant le manuscrit.*

Je ne veux point du tout qu'on imprime cela.
Pour madame Guilbert le tour serait infâme.

CORNÉLIE

Vous avez toujours dit du mal de cette femme :
Je ne sais d'où vous vient cette prompte amitié.

MARTEL

Mais sa fille est un ange.

CORNÉLIE

Eh bien !

MARTEL

J'en ai pitié.
Ce serait la frapper, elle aime tant sa mère !

CORNÉLIE, *avec affectation.*

Madame de Dercourt vous est-elle si chère ?
Je vous trouve, vraiment, très sensible aujourd'hui.

MARTEL, *déjà ébranlé.*

D'ailleurs, monsieur Guilbert...

CORNÉLIE

Gênez-vous donc pour lui !
Ne vous souvient-il plus de ses grosses injures
À propos de vos goûts et de vos mœurs impures,
Et ne trouvez-vous pas qu'il ait bien mérité
Qu'on l'épargne à son tour dans sa moralité ?
Son indignation était trop pathétique.

CHARLES

Monsieur ne donne pas l'article politique ?

CORNÉLIE, *reprenant le manuscrit.*

Donnez ce feuilleton...

MARTEL

Laissez-moi le revoir...

CORNÉLIE

Vous le corrigerez aux épreuves ce soir.
Elle donne l'article à Charles, qui sort. Des marchands envahissent le théâtre.

69

MARTEL

Maintenant, laissez-moi travailler, je vous prie.

CORNÉLIE, *à part.*

Malgré sa volonté, malgré sa brusquerie.
Quand il est en retard j'en fais ce que je veux.

Scène XII

Martel, Cornélie, un poète tenant un gros livre,
Un éditeur portant plusieurs volumes, un abonné,
un négociateur de mariages, marchands de toute
espèce : l'un porte un parasol, l'autre un fusil,
l'autre un fourneau, l'autre un chapeau : plusieurs
marchandes de modes portent des cartons, Baptiste.

UN MARCHAND de cosmétiques, *à Cornélie.*

Madame, c'est une eau pour teindre les cheveux.

LE POÈTE, *à Martel.*

C'est vous monsieur Martel, le fameux journaliste ?

CORNÉLIE, *voyant toute cette foule.*

Que de monde, grand Dieu !

MARTEL

D'où sortent-ils ?

CORNÉLIE *et* MARTEL

Baptiste !

CORNÉLIE, *à Baptiste.*

Qu'est-ce que ces gens-là ?

BAPTISTE

Ce sont… des inconnus.

CORNÉLIE

Le sot ! je le sais bien.

MARTEL

Par où sont-ils venus ?

71

BAPTISTE

Par la porte, monsieur. Ce gamin veut ma perte,
Il a laissé là-bas la porte tout ouverte.

LE POÈTE, *à Martel, en lui offrant un livre.*

Monsieur Martel, ce livre est un petit recueil
De vers badins, daignez y jeter un coup d'œil.

UN LIBRAIRE-ÉDITEUR, *offrant quatre volumes.*

Daignez lire, monsieur, ce traité de morale.

UN PHARMACIEN, *offrant une boîte.*

Daignez goûter, monsieur, ma pâte pectorale.

MARTEL, *impatienté.*

Les annonces, messieurs, ne me regardent point.

UN ABONNÉ

Monsieur, nous différons d'avis sur plus d'un point...
À propos du sultan vous dites de ces choses...
Qui... que... Vous confondez les effets et les causes...

MARTEL, *avec humeur.*

Eh ! monsieur !

L'ABONNÉ

De ce ton j'ai droit d'être étonné.

MARTEL

Eh ! qui donc êtes-vous ?

L'ABONNÉ

Je suis votre abonné.

*Martel, furieux, range ses papiers et se dispose à sortir ; les
marchands qu'il a repoussés se retournent vers Cornélie et Baptiste.*

UN GRAINETIER, *à Baptiste, lui montrant Martel.*

À vous importuner, monsieur, je me hasarde ;
Veuillez l'intéresser à ma blanche moutarde.

UN NÉGOCIATEUR de mariage, *à Cornélie,*
que des marchands de modes entourent.

Je puis vous marier, madame, à peu de frais ;
Le monde est tout rempli des heureux que j'ai faits.

UN FABRICANT de briquets phosphoriques

Ces briquets merveilleux ont détrôné Fumade.

UN FABRICANT *de cheminées, à Baptiste.*

Essayez mes fourneaux.

UN PARFUMEUR, *à Cornélie.*

Protégez ma pommade !

UN MARCHAND de comestibles, *à Cornélie.*

Mon racahout engraisse et fait vivre cent ans.

CORNÉLIE

Qui nous délivrera de tous ces charlatans ?

BAPTISTE, *mettant dans ses poches force boîtes*
et pots de pommade qu'on lui donne de tous côtés.

Sans rien dire, je fais ma petite récolte.

CORNÉLIE, *à Martel, qui marche vers la porte.*

Où courez-vous, Édouard ?

MARTEL, *exaspéré.*

Ma foi, je me révolte ;
Oui, je vais loin de vous, de ce bruit infernal,
Écrire mon article au bureau du journal.

J'en conviens, on fait peu de bonne politique
Dans votre compagnie et dans cette boutique.

Il sort avec son portefeuille sous le bras ; tous les marchands le poursuivent.

Acte III

Le théâtre représente un salon du ministère de l'intérieur.

Scène première

Guilbert, Edgar.

EDGAR

Eh bien, monsieur Guilbert, vous faites des journaux ?

GUILBERT, *avec humeur.*

Tout le monde aujourd'hui m'accueille par ces mots !

EDGAR

Ah ! c'est qu'ils ont acquis dans cette circonstance,
Ici, pour tout le monde, une grande importance.
L'article d'aujourd'hui produit un tel effet !…

GUILBERT

Parbleu, vous savez bien que je ne l'ai pas fait.
Je ne me suis jamais donné des airs d'écrire.

EDGAR

Vous ne l'avez pas fait, mais vous l'avez dû lire ;
On ne croira jamais qu'un article pareil.
Contre le maréchal président du conseil,
N'ait pas été dicté, soufflé par votre gendre.

GUILBERT

Mais mon gendre est ministre…

EDGAR

Il a beau s'en défendre,
On affirme partout que l'article est de lui.
On dit qu'à ce journal il donne son appui,
Qu'il veut dans le conseil susciter une guerre,
Pour former à lui seul un nouveau ministère.
Ceci doit amener un fâcheux résultat.

GUILBERT

Quel supplice d'avoir un gendre homme d'État !
On ne peut pas tenir une affaire secrète ;
On ne peut dire un mot sans qu'on ne l'interprète ;
On trouve à chaque pas quelques pièges nouveaux.

Scène II

Guilbert, Edgar, Madame Guilbert.
Elle est en grande parure et coiffée d'un turban.

MADAME GUILBERT

Comment, monsieur Guilbert, vous faites des journaux !

GUILBERT

Ah ! voilà maintenant ma femme qui me gronde !
Aujourd'hui je serai grondé par tout le monde,
C'est mon sort, et je sens que je l'ai mérité.

MADAME GUILBERT

Pourquoi faire un journal ?

GUILBERT

Quelle fatalité !

MADAME GUILBERT

Dans quel but, s'il vous plaît ?

GUILBERT

Vous ignorez, ma chère.
Qu'un journal peut servir beaucoup dans mainte affaire.

MADAME GUILBERT

Soit, mais pour profiter d'un semblable moyen,
On dit aux rédacteurs…

GUILBERT

Vous les connaissez bien !
Ce sont des indiscrets, des fous que rien n'arrête.
Ils ont l'air de comprendre, et ne font qu'à leur tête,

Répondant, sans égard pour le plus maltraité,
Qu'ils doivent, avant tout, dire la vérité.
Mais, grâce au ciel ! je suis sorti de leur galère.

MADAME GUILBERT

Oui, mais vous sortirez aussi du ministère,
Si vous ne vous hâtez de réparer le mal
Que nous fait, malgré vous, ce malheureux journal.
Votre gendre demain ne sera plus ministre.

GUILBERT

Courage, on peut encore éloigner ce sinistre.
Ses collègues, ma chère…

MADAME GUILBERT

Ah ! dites ses rivaux !

Scène III

Guilbert, Edgar, Madame Guilbert, Valentine.
Elle est en toilette du matin, mais
elle est déjà coiffée pour le bal.

VALENTINE

Mon père, depuis quand faites-vous des journaux ?

GUILBERT

C'est ton tour à présent, ma pauvre Valentine !

VALENTINE

Mon Dieu, ne croyez pas que cela me chagrine.
Dans tous ces embarras je ne vois qu'un danger,
Qu'un vrai malheur.

EDGAR

Lequel ?

VALENTINE

C'est de déménager.

MADAME GUILBERT

Valentine eut toujours des goûts philosophiques.

VALENTINE

Oui, je verse fort peu de larmes politiques.
Je ne tiens pas beaucoup au ministère, moi.

GUILBERT

Mais tout n'est pas perdu.

VALENTINE

Pas encor ?

GUILBERT

Non, ma foi.
Nous allons arranger tout cela, je l'espère !
Mon gendre est chez le roi ?

VALENTINE

Depuis longtemps, mon père.

GUILBERT

Moi je vais m'expliquer avec le président,
Et renier très haut cet article impudent.

MADAME GUILBERT

Et moi, de mon côté, je cours, à l'instant même.
Chez sa femme…

GUILBERT

Non pas ; chez la femme qu'il aime,
C'est plus adroit. Tâchez de la voir par hasard.

UN LAQUAIS, *à Guilbert.*

On demande monsieur.

GUILBERT

Qui donc ?

LE LAQUAIS

Monsieur Pluchard.

GUILBERT

Ah !… bien !

MADAME GUILBERT

Cet entretien est-il inévitable ?
Faut-il…

80

GUILBERT

Le président doit être encore à table.

Au laquais.

Qu'il entre… ce monsieur ! Je vais l'expédier ;

Le laquais sort.

Il ne faut qu'un moment pour le congédier.
Ce gérant responsable est l'intrigant, le traître
Qui nous compromet tous. Vous allez le connaître.
Ah ! je veux le traiter impitoyablement !

Scène IV

Guilbert, Madame Guilbert, Valentine, Edgar, Pluchard.
Pluchard salue madame Guilbert et Valentine, qui
se retirent à l'écart et causent entre elles. Edgar tend
la main à Pluchard, qui a l'air profondément triste.
Guilbert et Pluchard occupent le milieu du théâtre.

PLUCHARD, *à Guilbert.*

Je venais vous parler du cautionnement.
À des formalités, monsieur, on nous oblige…

GUILBERT

Oh ! je vous donnerai tout le temps qu'on exige ;
Ce qui m'importe à moi, c'est que l'on sache bien
Que dans votre journal je ne suis plus pour rien ;
Car je rougis, messieurs, d'avoir eu l'imprudence
De me mettre un instant dans votre dépendance.
À mon âge, en effet, j'aurais dû deviner
Que vous êtes des gens qu'on ne peut gouverner.

Se tournant vers Edgar.

Mais comment croire aussi que la sotte critique
De ces sots va changer toute une politique ?

Se tournant vers Pluchard qui n'écoute pas.

Il est triste, messieurs, d'être mené par vous.
Ah ! sans doute, et je souffre en pensant que des fous,
Griffonnant en riant auprès de leurs maîtresses,
Entre deux bols de punch, même entre deux ivresses,
Peuvent avec un mot absurde, irréfléchi,
Perdre un homme d'État dans les travaux blanchi.

82

Regardant Pluchard, qui reste immobile.

Qu'en dites-vous, monsieur ? votre sang-froid m'étonne.

PLUCHARD

Je suis si malheureux, que je ne plains personne.
Je le crois comme vous, ce journal est mauvais ;
Mais cela m'est égal, je ne le lis jamais.

GUILBERT

Ah ! c'est charmant, monsieur ; vous en lisez un autre ?

PLUCHARD

Est-ce que j'ai le temps ?

GUILBERT

Mais cependant, le vôtre…

PLUCHARD

Le lire est un ennui que je peux m'épargner.
C'est déjà bien assez, vraiment, de le signer.

GUILBERT

Quoi ! pas un numéro ?

PLUCHARD

Pas une seule ligne,
Et la preuve, monsieur, c'est… c'est que je le signe.
Leur article d'hier, il est incriminé.
Il me faudra subir, si je suis condamné,
Frais, amende et prison. Ah ! pour moi c'est très grave.
On dit notre prison froide comme une cave.
Les maux de dents, monsieur, sont mon infirmité ;
Ce que je crains le plus, moi, c'est l'humidité.

Valentine se met à rire, madame Guilbert la gronde.

83

GUILBERT, *satisfait.*

Ma foi !

PLUCHARD

J'avancerai les fonds de leur amende ;
Mais je n'espère pas du tout qu'on me les rende.
Non, je connais, monsieur, ce monde intelligent.
Ils ont beaucoup d'esprit, mais ils n'ont pas d'argent.
Force dettes ! que moi je suis chargé d'éteindre.
Ah ! loin de m'accuser, monsieur, il faut me plaindre.
J'ai d'aimables amis qui me font bien souffrir.

GUILBERT

Vos malheurs ne sauraient aujourd'hui m'attendrir.
Dans tout cela je perds une très forte somme.

PLUCHARD

Et moi donc ! moi, j'y perds un oncle, le pauvre homme !
Un riche fabricant… Ils l'ont si maltraité
Qu'il en est furieux, et m'a déshérité.

GUILBERT

Ils me forcent d'aller, bégayant une excuse,
Porter chez un ministre une mine confuse.
J'ai manqué de tomber dans un abîme affreux.

PLUCHARD

Et moi donc ! j'ai manqué de me battre pour eux !
Je leur donne un dîner dont ils font une orgie.
Ils changent un salon tout neuf en tabagie.

GUILBERT

Ils me causent à moi les plus grands embarras.

PLUCHARD

Ils m'ont gâté, monsieur, tout un meuble en lampas.

GUILBERT

Mon gendre est indigné.

PLUCHARD

Ma femme est furieuse !

VALENTINE, *éclatant de rire.*

Le plaisant désespoir !

MADAME GUILBERT

Mais tais-toi donc, rieuse.

GUILBERT

J'ai peur du président.

PLUCHARD

J'ai peur du tribunal.

GUILBERT

Ah ! le maudit journal !

PLUCHARD

Ah ! le maudit journal !

EDGAR

Je le vois, les journaux nuisent à tout le monde :
À celui qui les lit !

GUILBERT

À celui qui les fonde !

PLUCHARD

À celui qui les signe !

EDGAR

Oui, c'est un vilain jeu.
L'homme le plus adroit se brûle avec le feu.

MADAME GUILBERT

Mais il est tard : venez, monsieur Guilbert, de grâce,
J'ai hâte de savoir au moins ce qui se passe.
Partons vite.

VALENTINE, *courant après madame Guilbert.*

Et mon bal ? nous irons, je le veux.
Mais, ma mère, pourquoi cacher vos beaux cheveux ?
Pourquoi mettre aujourd'hui cette lourde coiffure ?

MADAME GUILBERT

Enfant, il s'agit bien vraiment de ma parure,
Quand ta position est près de s'écrouler !
Mais toi, fais-toi très belle.

VALENTINE

Oui, pour dissimuler.

MADAME GUILBERT, *revenant sur ses pas, à Edgar.*

Vous m'avez annoncé pour ce soir la visite
D'un de vos vieux amis, homme d'un grand mérite.

EDGAR

Le célèbre Morin.

MADAME GUILBERT

J'aurais voulu le voir ;
Mais Valentine est libre et va le recevoir.

Elle sort. Valentine court l'embrasser.

EDGAR, *les regardant.*

Quelle charmante mère et quelle aimable fille !
Il me tarde déjà d'être de la famille.
Qu'une telle union doit avoir de douceur !

Scène V

Edgar, Valentine.

VALENTINE

À nous deux maintenant. Vous avez vu ma sœur ?

EDGAR

Oui, je viens de la voir.

VALENTINE

Ah ! comme elle est grandie !

EDGAR

Il faut la marier.

VALENTINE

Elle est trop étourdie.
Non, monsieur, c'est finir trop tôt votre roman,
Et vous devez languir pour elle encore un an.

EDGAR

Un an ! mais c'est trop long ; vous êtes bien sévère !

VALENTINE

Songez donc qu'elle doit vivre loin de ma mère.
Malgré l'attachement qu'elle ressent pour vous,
Elle pleure en songeant qu'il faut nous quitter tous.
Se séparer déjà de ma mère, à son âge !
Moi je n'aurais pas eu ce douloureux courage.
J'aimais bien mon mari, mais s'il avait osé
Me dire : Quittez-la, je l'aurais refusé.

EDGAR, *lui prenant la main.*

Chère sœur !

À part.

Voilà donc cette famille unie
Qu'un monde corrompu soupçonne et calomnie !
Elle mériterait un destin plus heureux !

VALENTINE

Pourquoi lever au ciel des regards langoureux ?

EDGAR, *à part.*

Je tremble qu'un hasard fatal ne lui révèle
Les propos que l'on tient sur sa mère et sur elle.
Un soupçon troublerait toute sa vie.

VALENTINE

Eh bien ?
Je vous parle, monsieur, vous ne répondez rien.

EDGAR

Mais je suis inquiet, je réfléchis, je pense
Au nouveau choc qui peut troubler votre existence.
Si jeune, avec vos goûts, vivre d'ambition !

VALENTINE

Je n'ai guère l'esprit de ma position.

EDGAR

Aux soupçons de l'envie être toujours en hutte,
Toujours craindre un revers et prévoir une chute.

VALENTINE

Qui ? moi ! ces craintes-là ne sont pas mes tourments.
Non, les jours de revers sont mes plus doux moments.
Je regretterais peu ces honneurs qu'on m'envie ;

Dans mes affections j'ai mis toute ma vie ;
Et loin de m'effrayer, j'attends avec plaisir
Un revers qui permet de s'aimer à loisir.
Dans les pompeux salons de ce beau ministère
Je ne vois presque plus mon mari ni ma mère.
Le pouvoir les enivre, ils ne pensent qu'à lui.
Ils en ont tout l'honneur, moi j'en ai tout l'ennui.

EDGAR, *riant.*

Ah ! vous vous occupez des affaires publiques !
C'est vous qui décidez nos destins politiques ?

VALENTINE, *avec impatience.*

Je ne dis pas cela ; que vous êtes moqueur !
Je dis qu'au ministère il faut briser son cœur,
Et que j'aimerais mieux dans une humble retraite,
Avec tous ceux que j'aime et qu'ici je regrette,
Vivre éternellement sans plaisirs, sans espoir,
Que d'être toujours seule au faîte du pouvoir.

EDGAR

Il est pourtant très doux, pour une jeune femme,
De faire l'importante et d'être grande dame.

VALENTINE

Pas pour moi : je n'ai pas du tout de vanité.

EDGAR, *affectueusement.*

Ils appellent cela de la légèreté !

VALENTINE

Vrai, je ne comprends rien aux ruses de l'intrigue.
Mon rôle, si brillant, m'attriste et me fatigue.
Ce monde de bavards m'ennuie au dernier point.

Et malgré mes efforts, je ne le cache point,
Ma figure s'allonge, et je bâille, je bâille !

EDGAR

Quoi ! vous bâillez chez vous ?

VALENTINE

Jusqu'à ce qu'on s'en aille.

EDGAR

C'est mal.

VALENTINE

Vous ignorez cet horrible devoir,
Ce supplice flatteur qu'on nomme recevoir !
Le premier jour j'ai cru que j'en deviendrais folle.
Je ne pouvais trouver une seule parole.
Et puis je me perdais dans tous ces députés.
À dîner, j'en avais d'affreux à mes côtés :
Les deux plus laids.

EDGAR

Sans doute, et c'est l'usage en France.
À table vous devez donner la préférence
Toujours au plus infirme, au plus grave, au plus vieux.

VALENTINE

Oui, c'est de très bon goût, mais c'est très ennuyeux.
Je n'aime pas non plus ces brillantes coquettes
Qui de leur protégé se faisant interprètes,
Viennent à mon mari glisser des billets doux.
J'ai peur : une audience est presque un rendez-vous.

EDGAR

Vous jalouse !

VALENTINE, *vivement.*

Ah !… chassons cette idée importune,
Non, je n'ai de rivale encor que la tribune ;
Mais la cruelle sait mieux que moi le charmer.
Un ministre aujourd'hui n'a pas le temps d'aimer.
Le rapport du budget, le vote de l'adresse,
Sont des évènements qui troublent la tendresse,
Et le plus vif amour a des distractions
Dans les jours orageux d'interpellations.

EDGAR

N'accusez pas Dercourt ; vous êtes son idole.
Vous avez tout crédit.

VALENTINE

Oui, cela me console.
D'obliger nos amis il a plus d'un moyen,
Je l'aide quelquefois à faire un peu de bien.

EDGAR

Vous pourriez donc me rendre un immense service ?

VALENTINE

Ah ! dans l'art d'intriguer je suis encor novice.

EDGAR

Aussi votre crédit ne court aucun danger :
C'est un très grand talent que j'ose protéger.

VALENTINE

Quel est ce grand talent que l'on me recommande ?
Allons, voyons, monsieur, faites votre demande.
Nous penserons au sort de votre protégé.

EDGAR

Vrai ?

VALENTINE, *riant.*

Si nous n'avons pas ce soir notre congé.

EDGAR

On décore en peinture une nouvelle église,
Et la grande coupole…

VALENTINE

Hélas ! elle est promise.

EDGAR

Vous croyez ?

VALENTINE

C'est monsieur Jardy qui l'obtiendra.

EDGAR

Ah ! ce pauvre Morin ! que faire ? il en mourra.

VALENTINE, *souriant.*

Quoi ! c'était donc pour lui ?

EDGAR

Sans doute, pourquoi rire ?

VALENTINE

Ah ! c'était pour Morin, ce peintre de l'Empire
Qui fait des Adonis dont on se moque tant ?

EDGAR

Les tableaux de florin sont bien connus pourtant.
Son talent…

VALENTINE

Son talent, tout le monde le nie.

EDGAR

Morin n'en est pas moins un homme de génie.

VALENTINE

Lui donner ce travail, je vous le dis tout bas,
Les journaux crieraient trop, on ne l'oserait pas !

EDGAR

Les journaux ! voilà donc l'éternelle réponse !
Il faut qu'un grand talent à tout espoir renonce,
Lorsque dans les journaux il n'a pas un soutien,
Car pour lui le pouvoir désarmé ne peut rien !
Madame, pardonnez si j'ose vous déplaire,
Mais je ne puis cacher ma trop juste colère.
Je m'indigne de voir ces journaux insolents
Accabler sous leurs coups de sublimes talents,
Et je ne comprends pas qu'écoutant leur malice,
Un ministre éclairé se fasse leur complice.

VALENTINE

Ne vous emportez pas, je parlerai pour lui.

EDGAR

Ah ! protégez ses droits, faites-vous son appui !
À vous il appartient de prendre sa défense,
De venger noblement un vieillard qu'on offense !
Mon pauvre maître, hélas ! il est si malheureux !

VALENTINE

Oui, je veux seconder vos désirs généreux.
Je ne vous promets pas la victoire complète,
Mais j'obtiendrai… C'est lui, je cours à ma toilette.

Elle sort.

UN LAQUAIS

C'est monsieur le baron Morin.

EDGAR

Bien, on l'attend.

Scène VI

Edgar, Morin.

MORIN

Chez un ministre, moi ! Norval, es-tu content ?
Je fais ce que tu veux, mais j'ai peu d'espérances.

EDGAR

Pourquoi cela ?

MORIN

Je crains de basses concurrences.
À force d'injustice, ils m'ont découragé.
Je doute de moi-même. Ah ! je suis bien changé !
Je le sens, mon enfant, la blessure est mortelle.
Mais madame Dercourt…

EDGAR

Elle vient, et c'est elle
Qui doit très chaudement prendre vos intérêts.

MORIN

Soit ; je t'avais promis que je lui parlerais,
Me voici. Mais quel temps est-ce donc que le vôtre ?
Que ce temps misérable est différent du nôtre !
Quand on voulait de nous, on venait nous chercher,
Ah ! LUI ne laissait point nos palettes sécher !
Mais nous sommes vaincus, et notre règne expire.
On nous a proclamés ganaches de l'Empire !
Oui, de nos successeurs nous sommes les bouffons,
Et vous nous préférez vos peintres de chiffons !
Certes, ils ont triomphé de choses difficiles.

À leurs chastes pinceaux les formes sont dociles.
Le nu leur faisait peur... pour sortir d'embarras,
Bref, ils ont supprimé les jambes et les bras ;
Plus de pieds paresseux et plus d'épaules blanches,
Mais des gants, des manteaux, des bottes et des manches.
Leurs moines, leurs soldats, font valoir leurs vertus ;
S'ils ne sont pas bien peints, ils sont très bien vêtus !
On peut les admirer au grand jour, en famille,
Ils ne font pas penser à mal la jeune fille.
Ce n'est plus ce dormeur, ce fat Endymion
Que Phébé caressait d'un coupable rayon,
Ni ce perfide Amour, teneur des demoiselles,
Qui pour tout vêtement n'avait que ses deux ailes,
Galathée a perdu le droit de vous charmer ;
Honteuse, elle s'habille... au lieu de s'animer.
Peindre le beau ! fi donc ! Copier la nature !
Ah ! vous avez raison, c'était une imposture
Que de représenter de grands hommes bien faits,
Vous êtes si petits, si maigres et si laids !

EDGAR, riant.

J'aime cette fureur.

MORIN

Ma rage te fait rire,
Mais moi je ne ris pas, et mon cœur se déchire
Quand je songe aux affronts dont ils m'ont abreuvé !
Les journaux m'ont proscrit, je suis un réprouvé !
Dans les arts, comme en tout, le journalisme règne.
Ils ont dit que j'étais un grand peintre... d'enseigne,
Que mes tableaux n'avaient ni dessin, ni couleur,
Et bientôt mes tableaux n'auront plus de valeur.
Ils déclarent déjà ma palette caduque ;
Ma crinière d'argent, ils la nomment perruque !
Percé de mille traits, enivré de poison,
Je n'y peux plus tenir... Ah ! j'en perds la raison !

EDGAR

Ne vous affligez pas !

MORIN

À toi j'ose me plaindre,

Il regarde autour de lui.

Je te dis mon secret… c'est… je ne peux plus peindre ;
J'ai peur de mes pinceaux, de mes yeux, de mon goût ;
Leurs jugements cruels me poursuivent partout.
Je les entends sans cesse… Ah ! l'Euménide antique
N'était point le remords… non… c'était la critique.
Fantôme, vision qui me remplit d'effroi,
Je la trouve toujours entre ma toile et moi !

EDGAR

Ah ! calmez-vous, déjà votre destin se change :
Un démon vous poursuit. Dieu vous envoie un ange,

Montrant Valentine qui vient d'entrer.

Regardez… tant d'éclat présage un ciel serein.

Scène VII

Edgar, Morin, Valentine en grande parure.

EDGAR, *à Valentine.*

Je veux vous présenter mon vieil ami Morin.

VALENTINE

Ce vieil ami, monsieur, est un illustre maître,
Que depuis très longtemps je désirais connaître,
Et que vous auriez dû plus tôt nous amener.

EDGAR

Ah ! mon ami n'est pas facile à gouverner.

MORIN, *souriant avec mélancolie.*

C'est que souvent je fais un triste personnage.
Ah ! madame, on devient très timide à mon âge !

VALENTINE, *à Edgar, qui prend son chapeau.*

Vous nous quittez ?...

EDGAR

Je vais prendre congé du roi,
Par je reste à Paris plus que je ne le doi.

MORIN

Tu repars donc déjà ?

EDGAR

Je retourne en Afrique.
Notre uniforme est beau, n'est-ce pas ?

MORIN

Magnifique.

VALENTINE

Dans un de vos tableaux il ne ferait pas mal.

MORIN, *soupirant.*

Ah !

VALENTINE, *à Edgar.*

Nous nous reverrons ?

EDGAR

Oui, tout à l'heure, au bal.
Il sort.

Scène VIII

Valentine, Morin.

MORIN

Je crains de vous gêner, madame, un jour de fête…

VALENTINE

Non, non, vraiment ; restez, pour le bal je suis prête.
Personne ne m'attend, et je trouve très doux
De passer ma soirée…

MORIN

Avec moi ?

VALENTINE

Près de vous.
Ignorez-vous combien votre nom m'intéresse ?
Au Salon fui souvent blâmé votre paresse.
Quoi ! pas un seul tableau qui soit signé Morin !

MORIN

Qu'attendre d'un vieillard inutile et chagrin,
Que les doctes journaux condamnent et méprisent,
Et qui n'a jamais eu de talent… ils le disent ?

VALENTINE

Qu'importent les journaux ? il faut lutter contre eux.

À part.

Pour un peintre, en effet, je les crois dangereux :
L'artiste qui travaille a besoin qu'on le loue.

Haut.

Vous les craignez donc bien ? Pour moi, je vous avoue
Que je brave gaiement leur terrible pouvoir.

MORIN

Madame, en triompher serait notre devoir.
Ne nous abusons point, leurs forces sont extrêmes ;
Fatalement pour nous, sans profit pour eux-mêmes,
Ces tyrans inconnus gouvernent le pays
Et le perdent ; par eux nous sommes envahis.
C'est en vain qu'on les fuit, c'est en vain qu'on les brave ;
Ils dominent nos chefs, la Chambre est leur esclave ;
Les ministres du roi se courbent devant eux…
Et la France supporte un tel joug… c'est honteux !
Et l'on voit chaque jour des soldats, des artistes,
Des magistrats… trembler devant les journalistes !
Des juges, menacés de leur ressentiment,
Faire, par lâcheté, mentir leur jugement !
Cela se voit, madame, et c'est un beau spectacle !
Les journaux mènent tout ; leur voix est un oracle :
S'ils disent d'un acteur qui les a mal reçus
Qu'il est mauvais… soudain ou ne l'applaudit plus ;
S'ils disent d'un roman, œuvre d'un grand poète,
Qu'il est sans intérêt… personne ne l'achète ;
Mais s'ils disent aussi d'un vieux fat important
Que c'est un beau génie… on le croit à l'instant.
Que de sots empaillés dont ils l'ont de grands hommes !
Ah ! madame, aujourd'hui bien candides nous sommes ;
J'étais loin de penser jadis qu'il fût écrit
Qu'on dût nous asservir sans gloire et sans esprit.

VALENTINE

Le pouvoir des journaux est nuisible peut-être
Pour celui qui le craint et veut le reconnaître ;
Mais quand on le méprise, on échappe à sa loi.

MORIN

Madame, ils font trembler de plus puissants que moi.
Vous ignorez encor jusqu'où va leur audace.

VALENTINE

Leurs injures d'un jour laissent si peu de trace !
Dans leur malignité je ne vois point d'affront ;
Ils peuvent contre moi dire ce qu'ils voudront :
Que je suis intrigante, insolente, coquette ;
Que je ne sais parler que chiffons et toilette,
Que je n'ai pas d'esprit, que j'ai très mauvais goût ;
Ces épigrammes-là ne me font rien du tout.
N'est-ce pas leur métier ? Une petite injure,
Un bon mot leur fournit deux jours de nourriture ;
Eh bien, je me résigne à cette charité ;
Je livre mes défauts à leur triste gaieté ;
Sur moi je leur permets de frapper sans scrupule ;
Je me sens généreuse en étant ridicule.
Et d'ailleurs chaque siècle a ses mauvais penchants,
Il faut faire en ce monde une part aux méchants.

MORIN

Que de raison, madame !

VALENTINE

Ah ! je veux vous apprendre
À rire de leurs coups, pour mieux vous en défendre.
Il faut les détourner par des succès nouveaux.
En peinture on prépare encor de grands travaux.

MORIN, *avec joie.*

Je le sais…

VALENTINE

Il s'agit d'orner une coupole.
Si mon mari n'a pas engagé sa parole,

Si… demain… ce travail dépend encor de nous,
J'espère, avec vos droits, qu'on l'obtiendra pour vous.

MORIN

Ah ! quel espoir, madame ! Hélas ! j'ai peu de chance.

VALENTINE

Un chef-d'œuvre serait une belle vengeance.
Et puis, je veux encor… ceci, c'est mon secret,
Je veux vous demander de faire mon portrait.

MORIN

Quand puis-je commencer un si charmant ouvrage ?

VALENTINE, *après avoir hésité un instant.*

Mardi…

MORIN

Vous me rendez la vie et le courage.
Avec empressement j'accepte un tel honneur.
Puisse tant de bonté vous valoir du bonheur !

Scène IX

Valentine, seule

Le pauvre homme a raison : aujourd'hui si l'on n'ose
Lui donner ce travail, les journaux en sont cause.
Ils font tant que partout on se moque de lui.
Voici ma mère… On dit que le bal d'aujourd'hui
Sera charmant… et puis ma robe est si jolie !

Elle prend son éventail et son bouquet.

Scène X

Valentine, Madame Guilbert, puis un laquais.

MADAME GUILBERT, *très agitée.*

Ah ! l'on n'y comprend rien, et c'est de la folie !
Le président n'a pas daigné nous recevoir.

VALENTINE

Vraiment ?... par quel motif ?

MADAME GUILBERT, *avec ironie.*

Il est souffrant ce soir !
Mais cet accueil n'a rien qui puisse nous surprendre.
Ses collègues et lui sont jaloux de mon gendre ;
Ils devaient s'emparer de cette occasion ;
Ils viennent d'envoyer tous leur démission.
Dercourt n'est pas ici ?

VALENTINE

Non.

MADAME GUILBERT

Quelque espoir nous reste.
Contre la trahison notre parti proteste ;
Cette confusion peut même le servir
Et doubler le pouvoir qu'on cherche à lui ravir.

VALENTINE, *avec impatience.*

Pour la vingtième fois le sort nous favorise
D'un de ces doux moments qu'on appelle une crise !
Ah ! quel ennui !

MADAME GUILBERT

D'abord, c'est monsieur Martinet
Qui devait composer le nouveau cabinet.
En ce cas on mettait Champmaillart à la guerre,
Borde à l'intérieur, qui ne lui convient guère ;
Car ce qu'il faut flatter dans leur ambition,
Ce n'est pas leur talent, c'est leur prétention.
Rien ne peut éclairer leur sottise aveuglée.
Tout intrigant se croit diplomate d'emblée ;
Les avocats pour tout se mettent sur les rangs,
Et l'Université séduit les ignorants.

VALENTINE

Nos grands hommes d'État se font par ordonnances ;
Sans scrupule ils mettraient un soldat aux finances.

MADAME GUILBERT

Ah ! rien ne les arrête, et quand ils sont en train,
Mon Dieu ! d'un hydrophobe ils feraient un marin.
Cette combinaison était donc adoptée ;
Mais les cent trente-trois bientôt l'ont rejetée.
Autre combinaison : Cordière et Badiveau
Sont chargés de former un cabinet nouveau.
Ils prenaient avec eux Rissac de la Gironde.
Cette combinaison arrangeait tout le monde :
On sait d'un tel faisceau la médiocrité…
Mais, voulant s'expliquer, vite ils ont disputé !…
Ah ! que de petitesse et quelle inquiétude !

VALENTINE

Et rien n'est décidé ?

MADAME GUILBERT

Non, rien ; l'incertitude
Dure encor. Ces messieurs, après de longs débats,

Ont enfin découvert qu'ils ne s'entendaient pas.
Ce sont des pourparlers ! ce sont des commentaires !
Nous avons eu déjà ce soir trois ministères.
Ah ! quels hommes ! chacun accepte… en refusant.
Si ce n'était honteux, ce serait fort plaisant !
Mais ces dissensions ne nous sont pas contraires,
Et je crois que Dercourt peut rester aux affaires.

VALENTINE

Nous n'irons pas au bal ?

MADAME GUILBERT

Il faut nous y montrer ;
Et dès que ton mari…

UN LAQUAIS

Monsieur vient de rentrer.
Le ministre de Prusse est près de lui.

Le laquais sort.

MADAME GUILBERT

N'importe,
Je cours le prévenir, de crainte qu'il ne sorte ;
Je veux lui faire part d'un avis important.
Valentine, attends-moi, je reviens à l'instant.

Elle sort.

Scène XI

Valentine, seule.

Que d'agitations ! je m'afflige pour elle
De tous ces embarras. La fâcheuse querelle !
Quel supplice ! Voilà mon bal bien attristé !
Elle s'approche de la table.
Que faire en attendant ?... Lisons... *La Vérité.*
C'est ce nouveau journal que protégeait mon père,
Qui vient de renverser ce pauvre ministère.

Elle parcourt le journal.

Voyons donc... quel pathos ! Passons au feuilleton.
Il est d'Édouard Martel, homme d'esprit, dit-on.
C'est par la poésie et la gaieté qu'il brille.

Elle lit.

« *Le Ministre et l'amant, ou la Mère et la fille.* »
Ce titre est singulier, et je ne sais pourquoi
Ces seuls mots dans mon cœur ont jeté de l'effroi !

Elle lit.

« Madame de Lorville aimait à la folie,
Comme on aime à trente ans, quand on n'est plus jolie,
Un préfet... qui rêvait Chambre et conseil d'État,
Comme on rêve à trente ans, quand on est magistrat.
De la dame en crédit l'adresse peu commune
Servit habilement sa rapide fortune.
Mais un soir le mari, trouvant un billet doux,
S'endormit inquiet... et s'éveilla jaloux.
Il sentit le besoin, pour rassurer son âme,
De chasser au plus tôt ses soupçons... ou sa femme !
Mais elle, sans pâlir, lut le brûlant écrit.

À quoi servirait donc d'être femme d'esprit,
Si l'on ne savait point, par instinct ou par ruse,
Trouver pour un grand crime une innocente excuse ?
 Bref, elle répondit sans le moindre embarras
Que ce billet d'amour ne la regardait pas,
Qu'il était… pour sa fille, et qu'il fallait très vite
Au ministre amoureux accorder la petite.
Le père fut crédule, – et très honnêtement
 La mère a marié sa fille à son amant ;
Et l'enfant fut vendu sans trop de résistance.
 Tous trois mènent en paix une grande existence.
Ils s'aiment à loisir, et le monde enchanté
Bénit de leur amour l'heureuse trinité. »
Oh ! le méchant article ! Oh ! j'en suis indignée !
Dans ce honteux portrait ma mère est désignée.
Un ministre… un ancien préfet… c'est évident.
Quel mensonge odieux ! Ma mère !… Cependant…
Je crois me rappeler… Oh ! non, c'est impossible…
À l'instant je grondais Morin d'être accessible
Aux propos des journaux, et voilà que j'y crois…
Mon mari !… tous les jours il venait autrefois
Chez ma mère. Grand Dieu ! quelle lumière affreuse !

Elle reprend le journal.

Oui, cette histoire, c'est la mienne ! Ah ! malheureuse !
Cet homme est mon mari… Cette épouse sans foi,
C'est ma mère… et l'enfant qu'on a vendu, c'est moi !

Acte IV

Même décoration qu'au troisième acte.

Scène première

Edgar, seul.

Il se promène à grands pas et semble inquiet.

Valentine m'écrit de me rendre chez elle ;
Voudrait-on m'annoncer quelque triste nouvelle ?
Hier a-t-elle lu ce journal ? Je le crains !
Ah ! s'il en est ainsi, pour nous que de chagrins !
Comment calmer jamais cette tête exaltée,
Par d'infâmes soupçons sans cesse tourmentée ?
Pourquoi n'ai-je pas lu cet article odieux ?
On aurait pu du moins le soustraire à ses yeux !
Et Martel est l'auteur d'une telle infamie !
La main qui nous déchire est une main amie !

Scène II

Edgar, Martel sortant de chez Guilbert.

EDGAR, *apercevant Martel.*

Votre présence ici…

MARTEL

T'alarme avec raison.
Tu vois que je m'en vais.

EDGAR, *indigné.*

Vous ! dans cette maison !
J'admire votre audace. Ah ! c'est un grand courage
Que d'oser se montrer chez les gens qu'on outrage.

MARTEL

Ici je ne viens pas non plus pour mon plaisir,
Et d'y rester longtemps je n'ai point le désir.
Monsieur Guilbert m'écrit une insolente lettre
Que dans notre journal il nous condamne à mettre ;
Mais il n'en sera rien : nous ne publierons pas
Sa réclamation… Non… et tu le verras.
Je suis très bravement venu pour le lui dire,
Et lui dicter enfin ce qu'il doit nous écrire.

EDGAR

Ah ! votre feuilleton, qui le flatte si fort,
Prouve assez qu'avec vous il n'était point d'accord !

MARTEL

Cet article bâclé dans un jour de folie,
Qu'au fond d'un vieux carton a trouvé Cornélie !…

Ma foi, monsieur Guilbert a voulu s'ériger
En censeur de mes mœurs… j'ai voulu me venger !

EDGAR, *avec chaleur.*

L'excuse est excellente et part d'une belle âme !
Vous vous vengez d'un homme en attaquant sa femme !

MARTEL, *avec ironie.*

Pour madame Guilbert vous parlez chaudement.
Si j'avais su, monsieur, qu'un tendre sentiment
Vous fit le défenseur d'une femme chérie,
Croyez…

EDGAR

Épargnez-moi cette plaisanterie.
Je ne souffrirai pas qu'on insulte d'un mot
La famille Guilbert, dont je serai bientôt.

MARTEL, *avec surprise.*

Quoi ! tu dois épouser…

EDGAR

La sœur de Valentine,
Malvina…

MARTEL

Pour mari c'est toi qu'on lui destine,
Et tu ne m'en dis rien ! Mon Dieu, que de regrets…
Norval ! Aussi pourquoi me cacher tes secrets ?

EDGAR

Je voulais te conter cela, mais ta danseuse
Nous écoutait toujours.

MARTEL

Toujours !… la malheureuse
Cause tous mes chagrins, je lui dois tous mes torts.
Ah ! je veux désormais la fuir comme un remords.
Par ses obsessions, dans mon journal j'offense
Une honnête famille et mon ami d'enfance
Mais je viens d'acquérir le droit de la quitter.
La leçon est cruelle et j'en veux profiter.

EDGAR

Il est bien tard ; je crains que cet avis perfide
N'ait jeté le soupçon dans une âme candide ;
Elle ne pourra point supporter un tel coup.

MARTEL

C'est donc vrai ?

EDGAR

Non… d'honneur ! mais on l'a dit beaucoup.
Tout viendra, malgré moi, lui rendre cette idée :
Dans un passé douteux, par le soupçon guidée,
Elle va chaque jour, dans la moindre action,
Trouver contre sa mère une accusation !
Le malheur qu'on redoute est toujours fort probable !
Et d'ailleurs, ton article…

MARTEL, *avec douleur.*

Ah ! je suis bien coupable !
Mais je veux croire encor qu'elle ne l'a pas lu.

EDGAR

La voici… Qu'elle est pâle !

MARTEL

Edgar, tout est perdu !

EDGAR

Va vite ! il ne faut pas qu'elle nous voie ensemble.

Martel sort.

Scène III

Edgar, Valentine.

EDGAR, *à part.*

Son regard me fait mal… Mon Dieu, comme elle tremble.
Hélas ! que de bonheur un mot vient de troubler !

Haut.

Vous désirez me voir ?

VALENTINE

Oui, je veux vous parler,
Edgar. Pour des motifs que je ne puis vous dire,
Mais que vous devinez… sans doute… je désire
Avoir bientôt en vous un frère, un défenseur.
Oh ! vous êtes si bon, vous aimez tant ma sœur !
J'ai hâte d'assister à votre mariage.
Et quand vous partirez, je serai du voyage.

EDGAR

Quoi ! partir avec nous !… et pour quelle raison ?
Votre mari…

VALENTINE

Je veux quitter cette maison ;
Elle m'est odieuse, et je n'y peux plus vivre.
De mon indigne chaîne il faut qu'on me délivre.
Je ne peux plus cacher ma honte et mon dégoût !…
Ensemble ils me trompaient !… Je sais tout, je sais tout !

EDGAR
Gardez-vous de nourrir cette affreuse pensée.

116

VALENTINE

Moi qui les aimais tant !... Que j'étais insensée !

EDGAR

Vous devez les chérir encor...

VALENTINE

Jamais, jamais !

EDGAR

Votre mère pour vous...

VALENTINE

Ma mère !... je la hais !
Voilà donc l'union que ses mains ont bénie !

EDGAR

Osez-vous la juger sur une calomnie,
Et voulez-vous troubler son bonheur, son repos,
Par votre confiance en un lâche propos ?
Pensez-vous qu'avec eux je sois d'intelligence ?
Pour de tels sentiments ai-je de l'indulgence ?
Croyez-vous que l'honneur me soit si peu sacré
Que j'unisse à mon nom un nom déshonoré ?
Ah ! vous me connaissez, et vous devez comprendre...

VALENTINE

Edgar, c'est un devoir pour vous de les défendre ;
Mais vos secours sont vains, le prestige a cessé,
Et mes yeux sont ouverts ; j'ai lu dans le passé.
Je me suis rappelé bien des choses obscures
Qui s'expliquent enfin par autant d'impostures :
Des égards que d'abord je n'avais pas compris,
Sacrifices menteurs dont je connais le prix.
Je me suis rappelé bien des discours étranges,

117

De tendresse et de haine incroyables mélanges !
Ah ! je me suis surtout rappelé l'heureux jour
Où ma mère, joyeuse et triste tour à tour,
Nous maria… Mon Dieu !… nous étions à l'église,
À l'autel ; près de moi ma mère était assise.
Tout à coup… en sanglots je l'entends éclater…
Elle s'évanouit… il fallut l'emporter !
Oh ! je me sens mourir Edgar, je vous implore !
Évitons un éclat… il en est temps encore :
Partons avec ma sœur, emmenez-moi… Du moins,
Mon affreux désespoir n'aura pas de témoins ;
Peut-être loin de ceux dont le bonheur m'outrage
Je pourrai me contraindre et vivre avec courage…
Je vous supplie !…

EDGAR

Eh bien, vous viendrez avec nous.
Mais d'ici là soyez prudente, calmez-vous ;
Vous tenez dans vos mains l'honneur de votre mère !
J'entends venir quelqu'un, ne pleurez pas !…

VALENTINE, *apercevant Guilbert.*

Mon père !

Scène IV

Valentine, Edgar, Guilbert.

GUILBERT, *à Edgar.*
Vous savez, mon ami, tout ce qui s'est passé ?
EDGAR
Non.
GUILBERT

Par ses ennemis mon gendre est renversé.
Malgré tous nos efforts, on le met à la porte,
Et c'est le président du conseil qui l'emporte !

EDGAR

On le disait hier déjà… mais j'espérais
Qu'ils se mettraient d'accord.

GUILBERT

Jugez de mes regrets !
De tout ce changement c'est moi qui suis la cause.
Ah ! pour les désunir il fallait peu de chose :
Ce journal a servi de prétexte.

Guilbert regarde Valentine avec inquiétude. Elle s'en aperçoit et s'efforce de sourire.
VALENTINE

Vraiment,
N'allez-vous pas gémir sur cet évènement ?
Regretter un pouvoir dont on était l'esclave !

GUILBERT

Voyez-vous ce héros ! Tu fais toujours la brave,
Mais je m'aperçois bien que tes yeux ont pleuré.

EDGAR

Ce n'est rien.

GUILBERT

Cependant son teint est altéré ;
Elle paraît souffrante, et sa pâleur m'afflige.
Dites-moi… savez-vous ?…

EDGAR

Mais ce n'est rien, vous dis-je.

GUILBERT

Valentine n'est pas en larmes sans sujet.

VALENTINE

Mon père, je voulais vous parler d'un projet
Qui nous ferait à tous grand plaisir, mais je n'ose.

GUILBERT

Et quel est ce projet qu'en tremblant on propose ?

VALENTINE

Je veux vous demander de marier ma sœur.

GUILBERT

Dans six mois ?

VALENTINE

Maintenant.

GUILBERT

J'y consens de grand cœur.

EDGAR

Ah ! que je suis heureux !

GUILBERT

Très bien ! mais prenez garde,
C'est madame Guilbert que ce projet regarde ;
C'est son consentement qu'il vous faut obtenir.

À Valentine.

Tu pourras lui parler, car elle va venir.

À Edgar.

Pendant ce temps tous deux nous irons chez mon gendre,
Qui nous fait demander et qui doit nous attendre.

EDGAR, *à part.*

Sa mère va venir, elles vont se revoir.
Ah ! dans cet entretien je mets tout mon espoir.

Ils sortent. Edgar fait signe à Valentine et l'engage à se contraindre.

Scène V

Valentine, seule

Oh ! j'étouffais !… C'est trop prolonger mon supplice.
À quoi me servira ce courage factice ?…
Je vais revoir ma mère… elle va m'embrasser !…
Hélas ! il me faudra la fuir, la repousser !
Mon Dieu, je l'aimais tant ! j'étais si fière d'elle !
Comme je l'admirais !… je la trouvais si belle !
Et pour elle mon cœur s'est à jamais fermé !
Qu'il est dur de haïr ce qu'on a tant aimé !
Je ne pourrai jamais me contraindre à sa vue,
Malgré moi…

Scène VI

Madame Guilbert, Valentine.

MADAME GUILBERT, *au fond du théâtre.*

Valentine !

VALENTINE, *entendant sa voix.*

Ah !...

MADAME GUILBERT

Comme elle est émue !
Qu'est-il donc arrivé ? mon Dieu ! quelle pâleur !
Pour elle nos ennuis ne sont pas un malheur.
Non, quelque autre chagrin la menace ou l'agite.
Elle fuit mes regards... toujours elle m'évite
Valentine !

VALENTINE

Ah ! c'est vous !... Je veux vous demander...

MADAME GUILBERT

Eh bien, parle ; est-ce moi qui dois t'intimider ?

VALENTINE

J'ai déjà confié ce projet à mon père,
Et vous l'approuverez comme lui, je l'espère.
Nous voulons marier ma sœur...

MADAME GUILBERT

Si promptement !
Ah ! vous vous passerez de mon consentement,
Son absence aujourd'hui serait trop douloureuse.

VALENTINE

J'ai le droit d'exiger que ma sœur soit heureuse.

123

MADAME GUILBERT

Envers toi, Valentine, ai-je donc quelques torts ?

VALENTINE

On se croit innocent quand on est sans remords.

MADAME GUILBERT

Si je te fais souffrir, ma fille, ose te plaindre ;
Ce n'est pas avec moi que tu peux te contraindre.
Pourquoi trembler ainsi… pâlir à mon aspect ?
Parle, cette froideur…

VALENTINE

Est encor du respect ?
De mes ressentiments je crains la violence.
Ah ! ne me forcez pas à rompre le silence.

MADAME GUILBERT

Je ne puis supporter cette position ;
Je demande, j'attends une explication :
D'où vient ce désespoir, cette parole amère ?…

VALENTINE

Vous m'avez mariée à votre amant, ma mère !
Vous-même avez formé cet indigne lien !

MADAME GUILBERT

Ma fille, écoute-moi…

VALENTINE

Non, je n'écoute rien…

MADAME GUILBERT

C'est ta soumission que ta mère réclame.

VALENTINE

Moi, je ne me sens plus votre fille, madame !

MADAME GUILBERT

Les méchants ont parlé… Pauvre enfant, calme-toi.

VALENTINE

Adieu ! je vais partir, soyez heureux sans moi.
Vous aimez mon mari, je vous rends sa tendresse.

MADAME GUILBERT

Viens.

VALENTINE, *la repoussant.*

Non, vous n'êtes plus pour moi que sa maîtresse !

MADAME GUILBERT

Comment de sa pensée arracher cette erreur ?
Mais, courage, laissons s'exhaler sa fureur.
Elle n'entendrait pas maintenant !

VALENTINE

Ô misère !
Être frappée au cœur par une main si chère !
Trouver la trahison dans les bras maternels !
Une mère bénir des liens criminels,
Déshonorer sa fille !… étouffer dans son âme
Sa piété d'enfant et son amour de femme ;
La livrer à des vœux, des soupçons révoltants,
Et flétrir en un jour tous ses jours… à vingt ans !
Une mère, l'honneur, l'orgueil de la famille !
Ah ! c'est infâme !…

MADAME GUILBERT

Aussi cela n'est pas, ma fille.
Il faut m'entendre enfin… Écoute, je le veux.

Qu'importe la douleur de ces tristes aveux ?
Par d'horribles soupçons je te vois poursuivie,
Il est temps de trahir le secret de ma vie…
Oui, j'aimai ton mari…

VALENTINE

Bien !

MADAME GUILBERT

Malgré mes combats…

VALENTINE

Madame… je le sais !

MADAME GUILBERT

Mais lui, ne le sait pas !
Jamais il n'a pu lire en mon âme blessée,
Jamais il n'a connu ma coupable pensée,
Et cet aveu d'amour… qui m'étouffe la voix…
Je le fais aujourd'hui pour la première fois.
J'ai longtemps combattu pour vaincre ma faiblesse ;
Mais ce talent si beau, ce cœur plein de noblesse,
Ces dons supérieurs qui partout font la loi,
M'attiraient, me charmaient, m'entraînaient malgré moi.
Je voulus demander secours à son génie…
Fol espoir, dont je fus cruellement punie.
Son esprit se calmait dans de graves travaux.
Mais mon cœur s'exaltait de ses succès nouveaux.
Ah ! c'était imprudent, je le sentis moi-même :
Il est bien dangereux d'admirer ce qu'on aime !
Je luttais vainement contre un amour fatal,
Et j'allais succomber… Mais un soir, dans un bal…
Sortant de la retraite où tu fus élevée,
Il te vit, Valentine… Alors je fus sauvée !…
Oui, depuis ce moment toi seule l'occupas.
Eh bien ! je t'aime tant… que je n'en souffris pas !
Ses soins ne me causaient ni douleur ni colère ;

126

Oh ! je te pardonnais, ma fille, de lui plaire.
Je me rendais justice, et, changeant de fierté,
Je mettais mon orgueil dans ta jeune beauté ;
Joyeuse, je sentais qu'en mon âme innocente
La tendresse de mère était la plus puissante ;
Moi-même t'apprenais à l'aimer chaque jour ;
Mon amour s'épurait dans ton naissant amour,
Et lorsque après un an tu devins son épouse,
Si tu me vis pleurer, si tu me vis jalouse,
Ce n'était pas de toi… mais de lui : j'avais peur,
Mon enfant, qu'il ne prît ma place dans ton cœur.

VALENTINE

Ô ma mère !

MADAME GUILBERT

On blâma hautement ma conduite.
Tant que de ces propos tu ne fus pas instruite,
Je supportai ces cris, et je me résignai ;
Mais je défends enfin mon honneur indigné.

VALENTINE

C'est que de tels efforts, si grandement sublimes,
Si monstrueux en bien… ressemblent à des crimes !
Le monde est effrayé des trop beaux sentiments ;
Il voit dans leur excès d'affreux égarement ;
Il ne peut les comprendre, il juge de sa place !…

MADAME GUILBERT

Mais viens donc, mon enfant, viens donc que je t'embrasse !

VALENTINE, *tombant à genoux.*

Ah ! c'est à vos genoux… Maman, pardonne-moi !

MADAME GUILBERT

Va, ces affreux soupçons ne venaient pas de toi !

VALENTINE

Non, mais hier j'ai lu dans un journal infâme…
Les indignes !… flétrir une si noble femme !
Forcer ce cœur si pur à se justifier,
Apprendre à son enfant même à s'en défier !
Hommes sans foi, démons inspirés par l'envie !…
Ah ! je ne veux plus lire un journal de ma vie.

Acte V

Le théâtre représente un vaste atelier de peinture. De grands tableaux de batailles sont attachés sur les murs. Des tableaux mythologiques sont posés sur des chevalets ; çà et là se trouve le portrait d'un des héros de l'Empire : Bonaparte, Murat, Eugène Beauharnais. Dans le fond on aperçoit la Vénus de Médicis et autres statues ; de côté on voit la rampe d'un escalier tournant.

Scène première

André, seul, tenant un journal à la main

C'est un éloge !… Enfin nous l'avons emporté !
Un éloge pompeux. Vive *la Vérité* !
Mon bon maître ! pour lui la surprise est charmante !
Depuis bientôt deux ans, deux ans qu'on le tourmente,
C'est la première fois qu'on dit du bien de lui !
Allons, je suis content, et du moins aujourd'hui
Je ne l'entendrai pas me gronder et se plaindre !
Ah ! nous sommes sauvés s'il recommence à peindre.

Il pose le journal sur la boîte de couleurs.

Préparons l'atelier, et faisons un bon feu.
Il manque deux couleurs, de l'ocre et puis du bleu.
Pour un portrait de femme il faut un fond très sombre ;
Ce jour est éclatant, faisons ici de l'ombre.

Morin, entré depuis un instant, regarde tristement André faire ses préparatifs. Morin est vêtu d'une longue robe de chambre en velours noir.

129

Scène II

Morin, André.

MORIN, *à part.*

Mon pauvre compagnon… sa gaieté me fait mal !

À André.

Tiens… porte cette lettre à monsieur de Norval ;
Tu la lui remettras toi-même.

ANDRÉ, *regardant Morin.*

Qu'il est triste !
Mais quand il aura lu…

Morin lui fait signe de se hâter. André sort.

Scène III

Morin, seul

L'art fait vivre l'artiste !
Eh bien, l'artiste meurt quand son art est perdu !
C'en est fait, ce travail si beau, qui m'était dû,
Est donné ! Vainement une main charitable
Me protégeait, ce coup était inévitable.
Mon ennemi remporte et m'ôte tout espoir !

Il aperçoit le journal qui est sur la boîte de couleurs.

Quoi ! ce journal ! encor !... je ne veux plus le voir

Il déchire le journal et jette les morceaux loin de lui.

C'est mon rival, le chef de la nouvelle école,
C'est Jardy qui peindra cette immense coupole !
Moi, je n'ai rien. Mon nom n'obtient que des mépris !
De mes nombreux travaux est-ce donc là le pris ?
Il n'est donc ici-bas nuls triomphes durables,
Si le sot jugement de quelques misérables
Peut détruire en un jour quarante ans de succès ?
Et quels succès !... D'orgueil comme je frémissais
Quand devant ces tableaux, aujourd'hui leur risée,
La foule avec ardeur se pressait au Musée !
Chacun voulait les voir, on se battait pour eux.
Que j'étais fier... hélas ! et que j'étais heureux,
Quand l'empereur, après une grande victoire,
Choisissait mes pinceaux pour en tracer l'histoire,
Et me disait, devant mes confrères jaloux :
« Ah ! Morin, nous venons de travailler pour vous ! »
Ces mots flattent encor mon oreille charmée.
Eh quoi ! tant de succès et tant de renommée
Sont à jamais détruits !... par des fous sans talent
Qui vendent au hasard leur langage insolent,

131

Qui se font un état dans la littérature
En prenant bassement ma gloire pour pâture ;
En frappant sans pudeur, sans haine et sans danger
Un vieillard qui n'a plus de fils pour le venger !

Il parcourt l'atelier et contemple ses tableaux.

Ô mes tableaux ! témoins de ma sombre agonie,
Recevez mes adieux, espoir de mon génie !
Que mon talent par vous soit réhabilité,
Et que ma mort vous rende à la postérité !

*Il ouvre une cassette remplie de journaux qu'il déploie. Il prend un
cahier cacheté de noir et le met dans la cassette.*

Je mets mon testament sur ce monceau d'injures,
Il renferme l'aveu de mes longues tortures.
En voyant ce poison dont s'abreuvaient mes jours,
On me pardonnera d'en arrêter le cours.
Je le sens, aujourd'hui, dans ma chute profonde,
C'est un crime d'avoir une idole en ce monde !
Ce crime fut le mien ! Mon jeune âge exalté
Poussa l'amour de l'art jusqu'à l'impiété.
Pour donner la lumière et l'espace à ma toile,
Pour faire enfler la vague et frissonner la voile,
Pour peindre le regard, le sourire, l'éclair,
J'aurais vendu mon âme au démon de l'enfer.
Mon art, c'était ma vie, il avait tous mes rêves.
Et j'aimais mes enfants bien moins que mes élèves :
Mes amis au tombeau, je les pleurai deux jours ;
Mes élèves ingrats, je les pleure toujours !
Dans tous mes sentiments l'art me trouva fidèle.
Une femme !... pour moi ce n'était qu'un modèle ;
Je ne lui demandai ni foi ni pureté,
J'avais mis la vertu dans la seule beauté !
Je contemplais sa joie avec des yeux profanes ;
Cruel, j'étudiais ses larmes diaphanes !

132

J'étais peintre toujours : sans effroi, sans remord,
Dans ses plus noirs secrets j'interrogeais la mort !
Je luttais avec Dieu… l'auteur de la nature
N'était pour mon orgueil qu'un rival en peinture,
Et je lui reprochais, dans mes jaloux combats,
Les couleurs du soleil que je ne trouvais pas !
Mais Dieu m'a bien puni, sa vengeance fut prompte :
J'ai vécu par l'orgueil… et je meurs par la honte !

*Il sort en cachant sa figure dans ses mains. Au même instant,
Valentine paraît au haut de l'escalier.*

133

Scène IV

Madame Guilbert, Valentine.

Madame Guilbert et Valentine sont en robes du matin très élégantes.

VALENTINE, *d'abord seule.*

Ma mère, suivez-moi, prenez cet escalier ;
J'ai trouvé le chemin, je suis dans l'atelier.

MADAME GUILBERT

Que de détours, mon Dieu ! Mais je ne vois personne.
Morin doit nous attendre, et cet oubli m'étonne.

VALENTINE, *à part.*

Ce qu'il me demandait, je n'ai pu l'obtenir ;
C'est pour le consoler que j'ai voulu venir,
Afin qu'en apprenant cette triste nouvelle
Il ne m'accuse pas d'avoir manqué de zèle.

Haut, se promenant dans l'atelier.

Pendant qu'il n'est pas là, regardons ses tableaux ;
Je ne les connais pas… Ma mère, qu'ils sont beaux !
J'ignorais que Morin eût fait de tels ouvrages.
Quoi ! c'est ce grand talent que poursuivent d'outrages
Ces indignes journaux ! Rien n'est sacré pour eux.
Oh ! qu'il avait raison et qu'ils sont dangereux !
Combien je les déteste à mon tour quand je songe,
Hélas ! que par l'effet de leur affreux mensonge
Vous n'osez plus, ma mère, avec nous habiter,
Et que, nous punissant, vous allez nous quitter !

MADAME GUILBERT

Ma présence chez vous n'était plus convenable

Valentine pleure.

Après tous ces propos… Allons, sois raisonnable.

Scène V

Madame Guilbert, Valentine, André.

ANDRÉ

Ah ! mesdames, pardon, mon maître vous attend.
Je vais le prévenir, car je rentre à l'instant.
Il m'avait ordonné de porter une lettre
Chez monsieur de Norval et de la lui remettre
Moi-même en propre main ; mais il était sorti.

Il entre dans l'appartement de Morin.

MADAME GUILBERT

Edgar est prévenu, nous l'avons averti ;
Ton père et lui viendront nous chercher dans deux heures.
Mais on ne fera pas ton portrait si tu pleures !
Viens !

Elle embrasse Valentine.

VALENTINE

Il était si doux de se voir tous les jours !
On entend une grande rumeur.

MADAME GUILBERT

Mon Dieu ! n'entends-tu pas que l'on crie au secours ?

VALENTINE

Je distingue ces mots : « Tombé par la fenêtre !... »
Quel horrible soupçon !

*Elle court vers l'appartement de Morin. André paraît dans le plus
grand désespoir.*

Scène VI

Madame Guilbert, Valentine, André.

ANDRÉ, *criant.*

Ah ! mon malheureux maître !
Je le cherchais partout… je ne l'ai point trouvé,
Et je viens de le voir… là-bas… sur le pavé !…
Il a perdu l'esprit… à force de souffrance !

VALENTINE

Dieu !

MADAME GUILBERT, *courant vers la porte.*

Mais… peut-être il vit encor ?
Elle va pour sortir, Edgar l'arrête.

EDGAR

Plus d'espérance !
Tout est fini.

ANDRÉ

Mon maître !

EDGAR

Il vient de succomber.
Je suis vite accouru, mais pour le voir tomber.
Cette lettre m'apprend sa dernière pensée,
Et me dit le secret de sa mort insensée.

Pendant qu'il parle, plusieurs personnes alarmées montent l'escalier.

137

Scène VII

Madame Guilbert, Valentine, André,
Edgar, Guilbert, Martel, Griffaut, Pluchard.

GRIFFAUT

Et qui donc a causé son désespoir ?

EDGAR

Vous !

TOUS, *en même temps.*

Vous !

EDGAR

Le malheureux Morin a péri sous vos coups !

GRIFFAUT *confus.*

Mais j'ai fait son éloge hier… On peut vous dire…

ANDRÉ

Vous l'avez fait trop tard ; il est mort sans le lire.

Apercevant par terre le journal déchiré.

Le voilà cet éloge… hélas !… tant désiré.

GRIFFAUT

Le croyant une insulte, il l'aura déchiré.
Un homme peut-il donc mourir d'une épigramme ?

ANDRÉ

Mon Dieu ! qui nourrira mes enfants et ma femme ?

GRIFFAUT, *à Martel.*

Comment prévoir Martel, quelle fatalité !

Madame Guilbert et Valentine, au nom de Martel, lèvent les yeux et le regardent avec indignation.

138

MARTEL, *à Edgar.*

Quelle puissance, Edgar !

EDGAR

J'en suis épouvanté !

ANDRÉ

Sans pain et sans état !… Je demande vengeance !
Ils ne respectent rien, pas même l'indigence.
Ils ont tué mon maître et causé tous mes maux,
Ces infâmes journaux !

GUILBERT

Les journaux !

VALENTINE

Les journaux !

GUILBERT, *à part.*

Risquer une fortune et perdre un ministère !

VALENTINE, *à part.*

C'est pour les avoir lus que je quitte ma mère.

PLUCHARD, *bas à Griffaut.*

Je serai condamné.

GRIFFAUT

Toi !… pour quelle raison ?

PLUCHARD, *montrant Martel.*

Pour son article, hélas ! à deux mois de prison.
Haut.

Ah ! les journaux !

MARTEL, *sortant de sa préoccupation.*

Ce cri d'horreur, je le répète.
Sans les journaux, messieurs, j'aurais été poète !

En regardant madame Guilbert.

Sur mes écrits honteux vous n'auriez point pleuré !
Au lieu d'être maudit, je serais admiré ;
Je n'aurais pas enfin, dans un jeu misérable,
Perdu tout l'avenir d'un talent honorable.

À Valentine.

Madame, pourrez-vous me pardonner jamais ?

VALENTINE, *regardant sa mère.*

Oui… car je l'aime encor plus que je ne l'aimais.

MARTEL

La grandeur de votre âme est dans cette réponse.
Pour moi quelle leçon ! Désormais je renonce
À mon triste métier, et je vends mon journal !

EDGAR

Et moi, je te l'achète ! Oui, pour guérir un mal
Il faut l'étudier. Je descends dans la lice ;
Pour vaincre les journaux je me fais leur complice.
Je veux tarir les pleurs, le sang qu'ils font couler.

MARTEL, *prenant la main d'Edgar.*

Mon ami !…

VALENTINE

Malheureux ! ils vont vous immoler !

EDGAR

Je le sais… et mon cœur s'est armé de courage.
Je sais ce qui m'attend, et je connais leur rage :
Pour moi plus de repos, pour moi plus de bonheur.
Je leur offre ma vie, ils prendront mon honneur…

Ils iront, poursuivant ma jeunesse flétrie,
Jusqu'à me disputer le ciel de ma patrie !
Mais plus ils oseront mentir et m'outrager,
Et plus de leur pouvoir on verra le danger.
Je servirai d'exemple en servant de victime ;
En y tombant du moins je montrerai l'abîme,
Et j'y tomberai seul… et mon pays, un jour,
Bénissant mes malheurs, comprendra mon amour !